CW01661323

Barack Obama

YES, WE CAN

Il nuovo sogno americano

Introduzione di Empedocle Maffia

Traduzione di Bianca Lazzaro e Andrea Piccoli

DONZELLI EDITORE

© 2002-2008 Barack Obama

Il saggio *Per una nuova politica estera degli Stati Uniti*
(*Renewing American Leadership*)
è stato pubblicato con l'autorizzazione della rivista «Foreign Affairs»,
vol. 86, n. 4, luglio-agosto 2007
© 2007 by The Council on Foreign Relations, Inc.

© 2008 Donzelli editore, Roma
via Mentana 2b
INTERNET www.donzelli.it
E-MAIL editore@donzelli.it

ISBN 978-88-6036-241-4

Indice

Introduzione

di Empedocle Maffia

«Uno spilungone con un nome buffo»: con queste parole Barack Obama si presentò all'America il 27 luglio 2004. Parlava alla Convention del Partito democratico, e presentava John Kerry, appena designato sfidante di Bush per la presidenza. Obama era senatore per lo Stato dell'Illinois, e si candidava ad entrare al Senato di Washington. Il giorno dopo, tutti i commentatori notarono che quel giovane dal nome buffo aveva avuto molti più applausi del candidato alle presidenziali. Alle elezioni, Kerry perse; Obama vinse con il 40% di vantaggio sull'avversario, un nero repubblicano che quattro anni prima aveva corso per la nomination del suo partito. Comincia così il processo di formazione della leadership di Obama.

La stessa biografia dei suoi primi 46 anni sembra il racconto, insieme, dei punti alti e delle cadute della democrazia americana. Obama nasce da madre americana e da padre africano, che ha potuto ottenere la residenza negli Stati Uniti solo perché, all'epoca, le leggi sull'immigrazione godevano di un senso della giustizia più spiccato di quelle attuali. Dopo il divorzio dei genitori, conosce un'infanzia accanto alla madre e un'adolescenza inquieta, divisa tra lo Stato del Kansas, e il Kenya e l'Indonesia, dove sono le radici paterne. Corre i rischi di tutti i giovani emarginati, specie se neri, in quell'età piena di tentazioni e di trappole, ma riesce ad evitarli, e va a studiare prima alla Columbia University a New York, poi a Harvard, dove un percorso di eccellenza lo porterà a guidare, primo nero, la «Harvard Law Review», una delle più prestigiose riviste di studi giuridici del mondo. Appena finiti gli studi, si avvia per un percorso non tradizionale: invece degli uffici legali di Wall Street, sceglie le strade del quartiere più povero di Chicago, e lavora per conto di una chiesa come assistente della locale comunità nera, alternando questa missione con l'insegnamento del diritto costituzionale. Nel 1996, a 35 anni, compie la scelta che si rivelerà decisiva: quella di cimentarsi con la politica, portando con sé quel carico di idealismo e di sogni che lo renderà immediatamente diverso in quel mondo e che farà immediatamente sensazione. Il primo passo è l'elezione a senatore nello Stato dell'Illinois; l'ultimo potrebbe essere, all'inizio del prossimo novembre, l'elezione a presidente degli Stati Uniti.

Nato nell'America di Kennedy, Obama guarda al processo politico come a una prova aperta. Chi si vuole cimentare in politica deve partire non dalle situazioni quali sono, ma quali potrebbero essere; non dagli schieramenti in atto ma da quelli che si potrebbero determinare; non dalla recriminazione su chi sia responsabile dei problemi, ma dall'appello a chi voglia impegnarsi per superarli. Il suo obiettivo non è la logora politica dell'inclusione – quella notte da incubo piena di gatti ciechi – in cui i più furbi cercano di capitalizzare la loro abilità ed evitano in tutti i modi di creare contrasti: piuttosto, è il disegno idealistico di chi vuole consentire che i sogni si avverino anche in politica. E sognare vuol dire, appunto, pensare alle cose come potrebbero essere, non come sono. In questo, Obama è un leader che non si limita a promettere, ma che chiede ai cittadini di credere nel cambiamento, di non lasciarsi ossificare nelle divisioni del passato, di non restare prigionieri delle convenzioni, ma di osare il nuovo, e di farlo nel modo più trasparente possibile: col voto. «Yes, we can», è il suo slogan: sì, ce la possiamo fare.

Nata da queste basi, la candidatura di Obama rappresenta una vera e propria sfida a un paese stanco di vivere da sette anni nella paura indotta dall'11 settembre, sfibrato da una guerra le cui ragioni ha da tempo rinnegato, bloccato in una contrapposizione frontale e pregiudiziale tra i due partiti, che rende quasi impossibile anche solo immaginare soluzioni diverse ai problemi dell'oggi. Un paese così provato dalle politiche del passato che accetta, in questa elezione, di sfidare, assieme, due tabù della storia politica americana: quello della prima donna e del primo nero presidente. Obama sa che i due tabù non sono simmetrici rispetto alla cultura e al costume americani, perché la discriminazione razziale ha un elemento in più rispetto a quella contro l'altro sesso: colpisce sia gli uomini che le donne.

Per questo Obama non vuole essere il candidato dei neri, per quanto porti nella propria biografia la storia delle lotte che il suo popolo ha dovuto sostenere per raggiungere, almeno ufficialmente, parità di diritti. Egli sollecita piuttosto la nuova generazione nera, perché sia capace di fare l'ultimo miglio nella marcia verso la parità: quello, appunto, di non sentirsi diversi.

Il suo appello agli americani parte dalle soluzioni che vuole dare ai problemi sentiti da tutti. La sua proposta parla a una nazione scossa e incerta, non per ribadire vecchie sicurezze, ma per proporre nuovi equilibri. Obama ribadisce con forza la volontà di rinnovare la leadership americana sul mondo, ma sa che l'America sbaglia se pretende di imporre le proprie paure e le proprie scelte al resto della comunità mondiale senza riconoscere alcun valore alle istituzioni internazionali, che comportano per definizione una pluralità di soggetti chiamati a concorrere alle scelte. Da qui la necessità di considerare il rispetto del diritto internazionale come un obbligo, non come un'opzione dettata dalla convenienza. Da qui, ancora, il dovere di difendere in modo rigoroso le libertà civili, che non sono negoziabili in nessun caso, neppure quando sia in campo la lotta cruciale contro il terrorismo. Ed è ancora lo scenario internazionale a suggerire la necessità di prepararsi a una nuova epoca di economia sostenibile, nella quale si affronti senza titubanze la lotta cruciale contro il riscaldamento del pianeta, lotta nella quale non solo l'America non può essere l'ultima, ma deve a tutti i costi recuperare un ruolo di sostegno e di guida.

Su questa stessa linea si addensano le proposte di Obama che riguardano la politica interna: lottare affinché le risorse naturali non vengano dissipate; impedire che lo sviluppo economico nel paese continui ad essere strabico tra chi sta in alto e chi sta in basso nella scala sociale; garantire a tutti gli americani, non solo ai più ricchi, l'istruzione indispensabile in un'era nella quale si compete con tutto il mondo; rendere finalmente disponibile l'assistenza sanitaria come diritto sociale anche a quei 46 milioni di americani che ne sono privi; trovare una nuova motivazione civile, una nuova etica pubblica, a sostegno di un così ambizioso programma, che si ispiri a una concezione laica dello Stato, ma sappia essere permeata anche dalla forza di un profondo afflato religioso.

Su tutto, l'assoluta determinazione a chiudere in fretta la guerra in Iraq, alla quale Obama si oppose, unico tra i candidati, prima che cominciasse (come è qui documentato dal testo di un discorso pronunciato nell'autunno del 2002), e che oggi resta l'elemento di rottura decisivo tra gli americani e tra l'America e il resto del mondo.

Se si leggono i discorsi e i saggi raccolti in questo libro provando a immaginare che appartengano al presidente degli Stati Uniti (non solo a un candidato, quale egli oggi è), ci si trova di fronte a una sensazione forte.

Ne viene fuori un'America abissalmente diversa da quella a cui ci hanno abituato le amministrazioni Bush. Un paese per nulla ridotto di rango, ma piuttosto capace di guidare il mondo in nome di valori e di ideali, più che di interessi materiali e di puri rapporti di forza. Obama vuole un'America più forte, non più debole: ma sa che per rendere efficace la propria forza il paese deve puntare sul fascino connaturato agli ideali della sua democrazia, non sul terrore che incute per la propria capacità distruttiva. Obama vuole un'America che guidi il mondo verso una nuova era energetica, non nella corsa alla dissipazione delle fonti oggi disponibili. Obama vuole un'America più sicura, non meno sicura: ma sa che per conquistare questa condizione deve rassicurare un mondo che sappia farsi alleato, non minacciarlo. Obama vuole un'America che ritrovi la capacità di parlarsi al proprio interno, lontana dalle dispute degli anni passati: ma sa che per ottenere questo deve riuscire, nella politica, a creare un movimento che attraversi tutti gli schieramenti, e soprattutto che recuperi alla discussione pubblica la maggioranza del paese, oggi così distante da non andare neppure a votare.

I segnali che vengono dalla lunga stagione elettorale delle Primarie sono incoraggianti. Al di là dell'esito del voto nei diversi Stati, ovunque la percentuale dei votanti è molto più alta che in passato: in alcuni casi, va a votare il doppio degli elettori rispetto alle ultime elezioni. Segno che il paese comincia a cogliere la novità che propone Obama. Tutte le rilevazioni statistiche – che sono cosa diversa dai sondaggi – provano che questo aumento è determinato soprattutto da elettori tra i 18 e i 35 anni, la fascia più giovane, la meno consolidata nelle certezze del passato, la più pronta a cogliere le nuove opportunità. Il processo politico americano ha un'immediatezza non riscontrabile in molti altri paesi: il contatto diretto tra candidato ed elettore può catturare alla politica, o può alienarle, parti di paese a una velocità sconosciuta altrove.

Per le idee che propone, per l'ampiezza di analisi che suggerisce, Obama sembra possedere la forza di far risuonare vecchi i discorsi di tutti gli altri candidati, di ambedue i partiti. Non è certo questa la garanzia che vincerà; ma sicuramente è un segno di una leadership capace di indicare, come possibili e credibili, scenari diversi. Obama si presenta come l'alfiere del cambiamento, in una fase nella quale il bisogno di cambiare è tanto sentito da essere diventato comune a tutti i candidati. La differenza è che Obama vuol cambiare non in nome di qualche parte di passato, spesso evocata dai suoi concorrenti con rimpianto, ma di un futuro ancora inedito, «fatto di inesplorate opportunità», per richiamare John Kennedy, uno degli eroi del giovane leader nero. Senza che Obama insista nella citazione, si sente fortissimo nel suo impianto politico il ritorno al concetto di «frontiera», a quella forza costante della democrazia americana che fa tendere il paese, ciclicamente, verso la sfida del nuovo, verso la conquista di condizioni mai sperimentate prima. Spesso avviene nel campo della scienza, talvolta avviene in campo sociale, quasi sempre come consenso a una proposta di un leader visionario. Sta avvenendo in questi mesi.

È nella possibilità di compiere questa svolta il fascino più grande della candidatura di Obama, l'elemento che la distingue dalle altre. Rispetto alla condizione attuale dell'America, che questa possibilità abbia la forza di essere in campo e candidarsi a plasmare il paese almeno per i prossimi quattro anni, è già un segnale incoraggiante, al di là dello stesso esito del tentativo. E su questa base diventa comprensibile il motivo per cui Obama non vuole essere il candidato di una parte sola della società americana, nemmeno di quella alla quale appartiene.

In ciò è aiutato dal modo in cui si pone rispetto agli elettori. I suoi discorsi sono un continuum narrativo, che mette assieme storia personale e visione del futuro, problemi dell'oggi e soluzioni per il domani, per mostrare come il destino di un paese possa cambiare i singoli destini dei suoi abitanti. Con una forza oratoria richiamata dal ritmo incalzante dell'invocazione, proprio di un pastore nero, ma con la lucidità di dover risultare credibile a tutti, questo giovane idealista trasmette una sensazione di coinvolgimento che comincia a identificarsi come grande forza politica.

Nella politica americana, come è noto, i partiti sono dei semplici contenitori elettorali tenuti assieme solo da alcuni principi di fondo. Il resto della loro proposta è nelle posizioni dell'esponente che vince l'elezione, da quella municipale a quella presidenziale. È un processo di definizione programmatica fortemente legato a quello di formazione della leadership. Ecco perché i discorsi del candidato hanno un rilievo unico rispetto all'intero corso della politica. Non sempre, naturalmente, «le parole sono pietre»: ma quando non lo sono, in genere segnano la caduta di chi le ha pronunciate. L'esempio più clamoroso viene proprio dal presidente in carica, che vinse le elezioni nel 2000 battendosi per un'America meno protagonista nel mondo e più attenta ai suoi problemi interni. L'aver creato, invece, una situazione nella quale l'America è considerata negativamente dal resto del mondo come non era mai avvenuto prima, e l'aver dissipato in pochi mesi l'attivo di bilancio ereditato, anche a causa di una guerra che costa decine di miliardi di dollari l'anno, fa sì che Bush si avvii a lasciare la Casa Bianca come il presidente meno apprezzato nella storia del paese.

Anche se nessuno può immaginare con certezza quale sarà l'esito dello scontro tra i democratici, e poi quello tra democratici e repubblicani, l'America che emerge dalle parole di Obama ha la compiutezza di un soggetto nuovo nella storia di questo millennio. Un soggetto che ha la forza di emendarsi da politiche considerate nefaste dentro e fuori dal paese, e l'umiltà di riproporsi al resto del mondo come partner, non come padrone.

È un modo di porsi dell'America che – Obama ne è consapevole – si presenta con puntualità nei passaggi storici cruciali. Fu così con Franklin Delano Roosevelt, quando l'America si unì all'alleanza per liberare il mondo dal nazismo e dal fascismo. Fu così con Truman, quando ebbe la ragionevolezza di proporsi sulla scena internazionale come punto di equilibrio, pur essendo all'epoca l'unica potenza atomica. Fu così con John Kennedy, quando avviò un processo di disgelo con l'Unione Sovietica, nella certezza che quello scontro di opzioni storiche potesse essere vinto solo in una competizione pacifica, come in effetti è avvenuto. Avrebbe potuto essere così nel 1968, quando il candidato Robert Kennedy si avviava alla vittoria nel suo partito, ma fu assassinato: e qualche mese dopo – a conferma di quanto veloce sia l'oscillazione di consensi nel paese – fu eletto invece Richard Nixon, il presidente che avrebbe creato il più grande scandalo della vita politica americana, mettendo a rischio gli stessi meccanismi democratici, e sarebbe poi stato costretto a dimettersi per evitare l'impeachment, lasciando una coda lunga di veleni non ancora completamente dissolta.

In effetti, un passaggio storico cruciale sembra essere anche quello di quest'anno, quando il recupero dell'immagine del paese appare come un'impresa enorme, quando le diffidenze in giro per il mondo si sono consolidate. Uno scatto creativo quale sarebbe l'elezione di Obama a presidente avrebbe comunque bisogno di altri atti «pesanti» per riuscire a reinserire stabilmente l'America nella legalità internazionale e riportare al positivo la sua immagine.

Oggi, nessuno può dire se questa sfida avrà successo. Per ora, c'è una sola certezza: Obama non è più solo un candidato, sta diventando il fulcro di un movimento che scuote la società americana dal torpore impaurito degli ultimi sette anni. Al di là dei voti che esprime, questo movimento sta dilatandosi su quella nuova dimensione della politica che è internet, in quella blogosfera non visibile che emerge e si fa notare solo quando i suoi comportamenti diventano scelta pubblica: appunto, al momento del voto. Nelle parole del giovane leader, è un mondo nuovo e diverso che prende corpo. Per una parte crescente del paese è l'ultima declinazione del sogno americano: ma tra qualche mese, quel nuovo sogno potrebbe cominciare a segnare la storia di tutti noi.

Washington, DC, gennaio 2008 E. M.

Yes, we can

La mia candidatura per la presidenza*

Febbraio 2007

Vorrei cominciare col ringraziare tutti voi che vi siete messi in viaggio, da tanto lontano, sfidando il freddo di oggi. Tutti noi abbiamo fatto questo viaggio per una ragione. Non è falsa modestia, ma dentro di me so che non siete venuti fin qui solo per me, voi ci siete venuti perché credete in ciò che questo paese può essere. Di fronte alla guerra, voi credete che può esserci la pace. Di fronte alla disperazione, voi credete che può esserci la speranza. Di fronte a una politica che vi ha escluso, che vi ha detto di starvene buoni, che ci ha diviso troppo a lungo, voi credete che possiamo essere un solo popolo, che possiamo ottenere tutto il possibile e costruire un'unione ancora migliore.

È questo il viaggio che ci aspetta oggi. Ma voglio raccontarvi come sono arrivato fin qui. Come molti di voi sanno, non sono originario di questo grande Stato. Mi sono trasferito in Illinois più di vent'anni fa. Ero giovane allora, la scuola finita appena da un anno; a Chicago non conoscevo nessuno, non avevo denaro né parenti. Ma un gruppo di parrocchie mi aveva offerto un lavoro come coordinatore della comunità per tredicimila dollari all'anno. E io accettai il lavoro, motivato da un unico pensiero,

* Discorso pronunciato a Springfield, Illinois, il 10 febbraio 2007, con il quale annuncia la propria candidatura alla presidenza.

semplice e fiero: avere una piccola parte nella costruzione di un'America migliore.

Quel lavoro mi portò in alcuni dei sobborghi più poveri di Chicago. Insieme a pastori e a laici mi dedicai a quelle comunità devastate dalla chiusura degli impianti industriali. Mi accorsi che i problemi della gente non erano di natura strettamente locale, che la decisione di chiudere un'acciaieria veniva presa da dirigenti lontani; che la mancanza di libri di testo e di computer nelle scuole era dovuta alle contorte priorità di politici distanti migliaia di chilometri; e che quando un ragazzo ricorre alla violenza, è perché nel suo cuore c'è un vuoto che nessun governo potrà mai colmare.

È stato in quei sobborghi che è avvenuta la mia vera formazione, e ho imparato il vero significato della mia fede cristiana. Dopo tre settimane di quel lavoro, mi iscrissi alla scuola di legge, perché volevo capire in che modo la legge poteva servire ai bisognosi. Sono diventato un avvocato civilista, ho insegnato diritto costituzionale, e dopo un certo tempo, sono arrivato a capire che i nostri beneamati diritti alla libertà e all'uguaglianza dipendono dalla partecipazione attiva di un elettorato consapevole. È con in testa queste idee che sono arrivato nella capitale di questo Stato in veste di senatore. È stato qui, a Springfield, che ho visto che tutto ciò che è America tende a confluire: agricoltori e insegnanti, imprenditori e lavoratori, ognuno con una storia da raccontare, ognuno in cerca di un posto al tavolo del confronto, ognuno con l'istanza di essere ascoltato. Qui ho stretto amicizie di lunga data – amici che oggi vedo in mezzo a voi. È stato qui che abbiamo imparato a dissentire senza contrapporci – poiché un compromesso è sempre possibile quando si condividono i principi da non compromettere mai; e quando si è disposti ad ascoltarsi a vicenda, si può prendere dagli altri il meglio e non il peggio.

Ecco perché siamo riusciti a riformare un sistema che prevedeva il ricorso alla pena di morte e che non funzionava più. Ecco perché siamo riusciti a garantire ai bambini bisognosi un'assicurazione sulla salute. Ecco perché abbiamo concepito un regime di tassazione più giusto e adeguato alle famiglie di operai, ed ecco perché abbiamo approvato riforme etiche che i cinici dicevano non sarebbero mai passate. È stato qui a Springfield che ho riconosciuto la fondamentale dignità del popolo americano, e mi sono convinto che, grazie a questa dignità, possiamo costruire un'America più fiduciosa.

Ed ecco perché, all'ombra del vecchio Campidoglio, in cui Lincoln richiamò un tempo all'unità una comunità divisa, e in cui dimorano le nostre speranze e i nostri sogni comuni, mi presento a voi oggi per annunciare la mia candidatura come presidente degli Stati Uniti.

Riconosco che c'è una certa presunzione, una certa audacia in questo annuncio. So di non aver dedicato molto tempo a imparare le abitudini di Washington, ma ci sono stato abbastanza per capire che devono cambiare. Il genio dei nostri padri fondatori sta nell'aver delineato un sistema di governo che può essere modificato. E noi dobbiamo armarci di coraggio, perché altre volte abbiamo cambiato questo paese. Al tempo della tirannia, un manipolo di patrioti mise in ginocchio un Impero. Al tempo della secessione, abbiamo unificato una nazione e liberato i prigionieri. Al tempo della Depressione, abbiamo rimesso la gente a lavoro e sollevato milioni di cittadini dalla povertà. Abbiamo accolto gli immigrati sulle nostre coste, abbiamo aperto ferrovie verso ovest, abbiamo mandato un uomo sulla luna, e abbiamo ascoltato l'invocazione di un Re[1] a lasciar scorrere la giustizia come acqua, e l'onestà come una corrente impetuosa.

Ogni volta si è fatta avanti una nuova generazione e ha realizzato quel che era necessario. Oggi siamo chiamati ancora una volta, ed è tempo che la nostra generazione risponda all'appello. Poiché questa è la nostra fede incrollabile: di fronte alle sfide impossibili, il popolo che ama il proprio paese può cambiarlo. Questo è quel che comprese Abraham Lincoln: ebbe i suoi dubbi, le sue sconfitte, i suoi tentennamenti, ma grazie alla sua forza di volontà e alle sue parole riuscì a trascinare un'intera nazione e contribuì a liberare un popolo. È grazie ai milioni di persone che si mobilitarono per la sua causa se non siamo più divisi, Nord e Sud, schiavi e liberi. È grazie a uomini e donne di ogni razza, di ogni provenienza, che hanno continuato a marciare in nome della libertà anche molto tempo dopo che Lincoln riposava in pace, se oggi abbiamo l'occasione di affrontare insieme le sfide di questo millennio, come un solo popolo, come americani.

Tutti noi sappiamo quali siano oggi queste sfide: una guerra senza fine, una dipendenza dal petrolio che minaccia il nostro futuro, scuole dove troppi bambini non imparano, e famiglie che faticano ad arrivare alla fine del mese pur lavorando al massimo. Conosciamo le sfide. Le sentiamo ripetere. Ne parliamo da anni.

Ciò che ci ha impedito di far fronte a queste sfide non è la mancanza di politiche valide e di programmi adeguati. A impedircelo è stato il fallimento della leadership, il basso profilo della nostra politica, la facilità con cui ci la-

[1] In inglese, «King»: Obama si riferisce a Martin Luther King.

sciamo sviare dalle meschinità e dalle volgarità, la cronica tendenza a svicolare di fronte alle decisioni importanti, a preferire risultati politici modesti piuttosto che rimboccarsi le maniche e costruire un consenso adeguato per aggredire i problemi seri.

Da sei anni a questa parte ci viene detto che l'aumento del nostro debito non conta, che l'ansia degli americani di fronte al lievitare dei costi dell'assistenza sanitaria e al ristagno dei salari è solo un'impressione, che i cambiamenti climatici sono una montatura, e che la voce grossa e una guerra mal concepita possono rimpiazzare la diplomazia, la strategia e la prudenza. E quando tutto manca, se arriva l'uragano Katrina, o cresce il numero delle vittime in Iraq, ci viene detto che le nostre crisi sono colpa di qualcun altro. Siamo sviati dai nostri veri fallimenti, e sollecitati a prendercela con quelli della parte avversa, con i gay o con gli immigrati.

E via via che la gente ha distolto lo sguardo, tra la delusione e la frustrazione, sappiamo cosa ha colmato quel vuoto: i cinici, le lobby e gli interessi particolari che hanno trasformato il nostro governo in un gioco cui solo loro possono permettersi di giocare. Loro staccano assegni e voi restate al chiodo con le bollette, loro hanno libero accesso là dove a voi tocca scrivere lettere, loro pensano di essere padroni di questo governo, ma noi oggi siamo qui per riprendercelo. Il tempo di questa politica è scaduto. È il momento di voltare pagina. Qualche progresso lo abbiamo già fatto. Per parte mia sono fiero di aver contribuito a condurre la battaglia del Congresso che ha realizzato la più radicale riforma etica dai tempi del Watergate.

Ma Washington ha ancora tanta strada da fare. E non sarà facile. Ecco perché dobbiamo darci delle priorità.

Dobbiamo prendere decisioni difficili. E benché il governo abbia un ruolo cruciale nel favorire i cambiamenti necessari, non basteranno più denaro e programmi a portarci là dove dobbiamo arrivare. Ognuno di noi, nel suo piccolo, dovrà accettare la responsabilità di instillare un'etica dell'agire nei nostri figli, di adattarsi a un'economia più competitiva, di rafforzare le nostre comunità e di condividere in certa misura i sacrifici. Dunque, cominciamo. Cominciamo insieme questo duro lavoro. Trasformiamo questa nazione.

Noi dobbiamo diventare la generazione che ridisegna la nostra economia in modo da poter competere nell'era digitale. Dobbiamo fissare livelli alti di qualità per le nostre scuole e dotarle delle risorse necessarie per mantenerli. Dobbiamo reclutare un nuovo esercito di insegnanti, e dare loro stipendi migliori e maggiore supporto in cambio di una maggiore affidabilità. Dobbiamo rendere più accessibile l'istruzione superiore, investire nella ricerca scientifica, e portare la banda larga nelle città più remote e nei paesini rurali di tutta l'America.

E col cambiare dell'economia, noi dovremo essere la generazione che garantisce ai lavoratori del nostro paese la condivisione della ricchezza. Dobbiamo salvaguardare le sudate indennità che le aziende hanno loro promesso. Dobbiamo dare agli americani che tanto hanno lavorato la possibilità di un accantonamento per avere una pensione. E dobbiamo consentire ai sindacati e ai loro organizzatori di risollevare la classe media di questo paese.

Noi dobbiamo essere la generazione che mette fine alla povertà in America. Ogni singolo individuo disposto a lavorare dovrà avere la possibilità di un apprendistato che lo porti fino a un impiego, e poi la possibilità di guadagnare uno stipendio adeguato alle spese e di avere un'assistenza per i figli che avranno un posto sicuro in cui stare mentre i genitori lavorano. Noi dobbiamo fare tutto questo.

Dobbiamo essere la generazione che finalmente affronta la crisi del nostro sistema sanitario. Possiamo metterne sotto controllo i costi concentrandoci sulla prevenzione, fornendo trattamenti migliori ai malati cronici, e utilizzando la tecnologia per semplificare la burocrazia. Dobbiamo essere la generazione che dice qui e subito, che in America avremo l'assistenza sanitaria per tutti prima che il prossimo presidente finisca il suo primo mandato.

Noi dobbiamo essere la generazione che finalmente libera l'America dalla tirannide del petrolio. Abbiamo la possibilità di sviluppare in casa nostra combustibili alternativi come l'etanolo e incentivare la produzione di auto a basso consumo. Possiamo avviare un sistema per mettere un limite all'emissione dei gas serra. Possiamo trasformare questa crisi del riscaldamento terrestre in un'occasione per innovare, per creare lavoro, per incentivare il mondo delle nostre imprese a farsi modello per il mondo intero. Noi dobbiamo essere la generazione di cui le prossime andranno fiere per ciò che abbiamo fatto qui.

E soprattutto, dobbiamo essere la generazione che non dimenticherà mai cosa è accaduto in quel giorno di settembre e contrasterà i terroristi con tutto ciò che ha. La politica non dovrà più dividerci su questo, possiamo lavorare tutti assieme per rendere sicuro questo paese. Io ho lavorato fianco a fianco con il senatore repubblicano Dick Lugar per far approvare una legge che metterà al sicuro e distruggerà alcune delle armi più micidiali del mondo attualmente fuori controllo. Possiamo lavorare insieme per scovare i terroristi con un esercito più forte, possiamo stringere la rete intorno ai loro finanziatori, e possiamo migliorare le nostre capacità di intelligence. Ma dobbiamo anche capire che la vittoria definitiva contro i nostri nemici avverrà solo se ricostruiremo le alleanze ed esporteremo quegli ideali che offrono speranza e opportunità a milioni di persone in tutto il mondo.

Ma tutto ciò non potrà avvenire finché non metteremo fine alla guerra in Iraq. Molti di voi sanno che io mi sono opposto a questa guerra sin dall'inizio. Ho sempre pensato che fosse un tragico errore. Oggi piangiamo con le famiglie che hanno perso i loro cari, per i cuori che sono stati spezzati e per le giovani vite interrotte. America, è tempo di riportare i nostri soldati a casa. È tempo di riconoscere che non c'è numero di vite americane che possa comporre le divergenze politiche alla base della guerra civile di qualcun altro. Ecco perché ho un piano che riporterebbe le nostre truppe a casa entro il marzo del 2008. Far capire agli iracheni che non resteremo lì per sempre è la nostra ultima e più certa speranza di spingere sunniti e sciiti a mettersi attorno a un tavolo e a trovare la pace.

Infine, in questa guerra c'è ancora un'altra cosa che non è ancora troppo tardi per sistemare, e cioè il rimpatrio degli uomini e delle donne – i nostri veterani – che più si sono sacrificati. Dobbiamo rendere onore al loro valore, fornendo tutto ciò che è necessario e ricostruendo l'esercito che essi amano. Dobbiamo essere la generazione che comincia questo lavoro.

So che c'è chi non crede che possiamo fare tutte queste cose. Capisco questo scetticismo. Dopo tutto, ogni quattro anni, candidati di entrambe le parti fanno promesse simili, e non mi aspetto che quest'anno sarà diverso. Tutti noi che siamo in corsa per la presidenza attraverseremo il paese proponendo programmi in dieci punti e facendo grandi discorsi; tutti noi strombazzeremo quelle qualità che crediamo renderci particolarmente qualificati a governare il paese. Ma troppe volte, finite le elezioni, e volati via i coriandoli, tutte quelle promesse svaniscono dalla memoria, e si fanno avanti le lobby e gli interessi particolari, mentre la gente si ritrae, delusa come sempre, per riprendere la propria lotta in solitudine.

Ecco perché questa campagna non può essere incentrata solo su di me. Deve essere incentrata su di noi, deve essere incentrata su quel che possiamo fare insieme. Questa campagna dev'essere l'occasione, il veicolo, delle vostre speranze e dei vostri sogni. Ci vorranno il vostro tempo, le vostre energie e i vostri consigli per spronarci se faremo bene, e per farci capire se sbaglieremo. Questa campagna deve essere incentrata sul recupero del senso di cittadinanza, della nostra consapevolezza di una meta comune, e della convinzione che sono pochi gli ostacoli in grado di contrastare la forza di milioni di voci che invocano il cambiamento.

Stando da soli, questo cambiamento non avverrà. Divisi, siamo destinati a perdere. Ma la vita di un avvocato di Springfield, alto e dinoccolato, che si è fatto da sé, ci dice che un futuro diverso è possibile, che le parole hanno una loro forza, così come ciò di cui siamo convinti, che al di là di tutte le differenze di razza e di origini, di fede e di classe, siamo un solo popolo.

Lui ci dice che c'è forza nella speranza. Mentre Lincoln organizzava le forze radunate contro la schiavitù, lo sentirono dire: «Elementi disparati, discordi e persino ostili, siamo stati radunati dai quattro venti, abbiamo preso forma e combattuto la battaglia sino in fondo». Questo è il nostro proposito, oggi. Ecco perché oggi io mi candido.

Non tanto per ricoprire una carica, ma per unirmi a voi e trasformare una nazione.

Io voglio vincere la prossima battaglia per avere giustizia e uguali opportunità per tutti. Voglio vincere la prossima battaglia per avere scuole migliori, lavori migliori, e l'assistenza sanitaria per tutti. Voglio assumere insieme a voi l'impegno di perfezionare la nostra unione, e di costruire un'America migliore.

E se vi unite a me in questa impresa improbabile, se sentite il destino che vi chiama, e come me vedete un futuro di infinite possibilità spalancarsi davanti a voi; se sentite, come me, che è venuta l'ora di scuoterci dal torpore, e di spogliarci delle paure, e di saldare il debito che abbiamo con il passato e le future generazioni, allora eccomi pronto ad abbracciare la causa, e a marciare con voi, e a lavorare con voi. Insieme, a partire da oggi, portiamo a termine il lavoro da fare, e annunciamo la rinascita della libertà su questa terra.

Contro la guerra all'Iraq*

Ottobre 2002

Nonostante questo incontro sia stato annunciato come una manifestazione pacifista, voglio cominciare precisando che davanti a voi c'è un uomo che non è contrario alla guerra in qualunque circostanza.

La Guerra civile è stata una delle più sanguinose della storia, eppure soltanto attraverso la dura prova delle armi e il sacrificio di molti abbiamo potuto rendere migliore il nostro paese ed eliminare dalla nostra terra la piaga della schiavitù. Non sono contrario a tutte le guerre.

Mio nonno si arruolò all'indomani del bombardamento di Pearl Harbour e combatté nell'esercito di Patton. In giro per l'Europa vide la morte; ascoltò le storie degli altri soldati che per primi entrarono ad Auschwitz e Treblinka. Combatté in nome di una libertà più grande, come strumento di quell'arsenale per la democrazia che trionfò sul male, e non combatté invano.

Non sono contrario a tutte le guerre.

Dopo l'11 settembre, dopo aver assistito a quello strazio e a quella distruzione, alla polvere e alle lacrime, ho condiviso l'impegno del governo a dare la caccia e a scovare chi massacra innocenti in nome dell'intolleranza, e sarei

* Discorso tenuto a Chiacago, Illinois, il 26 ottobre 2002 in occasione di una manifestazione contro la guerra.

pronto io stesso a impugnare le armi per evitare che una tragedia simile possa ripetersi.

Non sono contrario a tutte le guerre. E sono consapevole che fra voi, qui, oggi, non manca l'amore per la patria. Ciò a cui mi oppongo è una guerra ottusa. Ciò a cui mi oppongo è una guerra avventata. Ciò a cui mi oppongo è il cinico tentativo di Richard Perle, di Paul Wolfowitz e di altri militaristi da salotto presenti nel governo, di farci ingoiare il rospo dei loro programmi ideologici, incuranti del costo in vite umane perdute e in sofferenze patite.

Ciò a cui mi oppongo è il tentativo di politicanti come Karl Rove[1] di distrarci dall'aumento del numero di coloro che non hanno un'assicurazione, da un incremento della povertà, da una contrazione dei redditi medi; di distrarci dagli scandali finanziari e da un mercato azionario che in quest'ultimo mese ha fatto segnare i risultati peggiori dai tempi della Grande Depressione.

Ecco ciò a cui mi oppongo. A una guerra ottusa. A una guerra avventata. A una guerra decisa dall'istinto e non dalla ragione, da intrighi politici e non da principi morali.

Voglio essere chiaro: non mi faccio illusioni su Saddam Hussein. È un uomo spietato e crudele, macellaio del suo stesso popolo pur di mantenere saldo il proprio potere. Ha ripetutamente sfidato le risoluzioni delle Nazioni Unite, ostacolando il lavoro degli ispettori; ha sviluppato armi chimiche e biologiche, e inseguito il nucleare.

È malvagio. Il mondo e gli iracheni starebbero meglio senza. Ma so anche che Saddam non costituisce una minaccia diretta e imminente per gli Stati Uniti o i paesi vici-

[1] Il consigliere di Bush più ascoltato sino alle sue dimissioni nel novembre 2007, assieme a Perle e Wolfowitz tra i più accaniti fautori della guerra in Iraq già prima che Bush diventasse presidente.

ni, so che l'economia irachena è allo sfascio, che l'esercito iracheno è molto meno potente di un tempo, e che, di concerto con la comunità internazionale, Saddam può essere tenuto a bada finché non finirà nella pattumiera della storia come ogni spregevole dittatore.

So che una guerra sia pur vittoriosa contro l'Iraq richiederebbe l'occupazione da parte degli Stati Uniti per un tempo indeterminato, dai costi indeterminati e le conseguenze indeterminate. So che un'invasione dell'Iraq senza una motivazione chiara e un forte sostegno internazionale non farà che infiammare il Medio Oriente e stimolare i peggiori, non i migliori istinti del mondo arabo, accrescendo la capacità di reclutamento di al-Qaeda.

Non sono contrario a tutte le guerre. Sono contrario alle guerre ottuse.

In nome di chi, come noi, cerca un mondo più giusto e più sicuro per i propri figli, mandiamo oggi al presidente un messaggio chiaro: ha voglia di combattere, presidente Bush? Porti a compimento la battaglia nei confronti di Bin Laden e al-Qaeda attraverso un lavoro di intelligence coordinato ed efficace, l'individuazione delle reti finanziarie che foraggiano il terrorismo e un programma di sicurezza nazionale che vada oltre la pura e semplice indicazione dei livelli di allerta di tanti colori.

Ha voglia di combattere, presidente Bush? Lotti allora per far sì che gli ispettori Onu possano compiere il loro lavoro, per sostenere finalmente con forza un trattato sulla non proliferazione delle armi nucleari, per fare in modo che i nostri ex nemici oggi alleati, come la Russia, mettano al sicuro e poi smaltiscano le loro scorte di materiale nucleare, e perché nazioni come il Pakistan e l'India non facciano mai ricorso alle armi terribili che già possiedono e i mercanti d'armi del nostro paese la smettano di foraggiare le innumerevoli guerre in tutto il globo.

Ha voglia di combattere, presidente Bush? Lotti allora per assicurare che i nostri cosiddetti alleati nel Medio Oriente, i sauditi e gli egiziani, la smettano di opprimere i loro popoli e di reprimere il dissenso, di tollerare corruzione e disuguaglianze, di trascurare la politica economica, lasciando che i loro giovani crescano senza istruzione, senza prospettive, senza speranza – reclute ideali per le cellule terroristiche.

Ha voglia di combattere, presidente Bush? Lo faccia per renderci autonomi dal petrolio mediorientale, attraverso una politica energetica che non si limiti a piegarsi agli interessi della Exxon e della Mobil.

Sono queste le battaglie che abbiamo bisogno di combattere. Sono queste le battaglie alle quali siamo pronti a unirci. Le battaglie contro l'ignoranza e l'intolleranza, la corruzione e l'avidità, la povertà e la disperazione.

Le conseguenze della guerra sono spaventose, i sacrifici incalcolabili. Nel corso della vita potrebbe ricapitarci di dover difendere la nostra libertà con la guerra, e di pagarne lo scotto. Ma non dovremo – e non lo faremo – imboccare quel cammino infernale senza riflettere. Né dovremo permettere che chi marcerà pronto all'estremo sacrificio, dimostrando col sangue la più assoluta devozione al paese, faccia un così terribile sacrificio invano.

Uscire dal pantano iracheno*

Novembre 2006

Nella storia americana ci sono momenti in cui siamo stati chiamati ad affrontare le sfide di un mondo incerto e a pagare qualsiasi prezzo per mettere al sicuro la nostra libertà. Sono quei momenti travagliati di cui parlavano i nostri antenati; quei momenti in cui l'interesse e il benessere personali devono lasciar spazio al più difficile compito di valutare ciò che è meglio per il paese e per le generazioni future, e di agire in base a quella valutazione, facendo scelte dolorose e i sacrifici necessari per difendere i nostri ideali e valori più profondi.

È stato così per chi è sepolto a Gettysburg[1]. È stato così per chi ha costruito un arsenale per la democrazia tanto potente da sconfiggere il nazifascismo, e per chi poi ha dato vita a un sistema di alleanze e a un ordine mondiale che alla fine hanno sconfitto il comunismo. È stato così per quanti fra noi che hanno visto le macerie e la cenere dell'11 settembre e hanno giurato solennemente che mai più avverrà una simile tragedia negli Stati Uniti; e faremo tutto il necessario per dare la caccia ai responsabili e utilizzeremo ogni

* Discorso tenuto al Chicago Council of Global Affairs il 20 novembre 2006.

[1] La battaglia di Gettysburg, in Pennsylvania, fu la più sanguinosa durante la Guerra di secessione, che dal 1861 al 1865 oppose gli Stati dell'Unione ai Secessionisti.

mezzo – diplomatico, economico e militare – per far piazza pulita dei terroristi e delle condizioni che li favoriscono.

In ognuno di questi passaggi, quel che è servito ai nostri leader, per affrontare le sfide che ci aspettavano, è stata una buona capacità di valutazione e una visione chiara, e agli americani, la consapevolezza e la solidità del loro impegno – la disponibilità di ciascuno di noi a lasciarsi alle spalle meschinità, egoismo e false apparenze, e a guardare avanti, a ciò che è necessario e decisivo. Due settimane fa, il popolo americano ha acquisito questa consapevolezza riguardo alla guerra in Iraq[2]. All'inizio, gli americani erano stati convinti dal presidente ad andare in guerra, tanto per la minaccia delle armi di distruzione di massa che per ridurre la minaccia del terrorismo internazionale.

Nessuna delle due cose si è rivelata vera. E ora, dopo aver assistito per tre lunghi anni all'atteggiamento contraddittorio di Washington, il popolo americano ha mandato un messaggio chiaro: sono finiti i giorni in cui la guerra al terrorismo può essere usata a proprio piacimento. La politica degli slogan non è più una forma di dibattito accettabile nel paese. «Missione compiuta», «colpisci e scappa», «tieni duro»: il popolo americano ha capito che tutte queste frasi sono diventate insensate di fronte a un conflitto che diventa ogni giorno più sanguinoso e confuso, un conflitto che ha soltanto reso più concreta la minaccia terroristica che si pensava potesse contribuire ad arginare.

Ad oggi, in questa guerra sono morti 2867 americani. Altre migliaia hanno subito menomazioni permanenti. L'Iraq sta sprofondando nel caos delle divisioni etniche

[2] È un'allusione alle elezioni di medio termine che nel novembre 2006 hanno visto i democratici vincere e riconquistare, per la prima volta sotto la presidenza Bush, la maggioranza al Congresso.

che esistevano già molto tempo prima che arrivassero i soldati americani. La guerra ha distolto la nostra attenzione da pericoli crescenti nel mondo: in Corea del Nord, in Iran, in Afghanistan. Un rapporto delle nostre agenzie di intelligence è arrivato alla conclusione che al-Qaeda stia sfruttando con successo la guerra in Iraq per reclutare una nuova generazione di terroristi per la sua guerra all'America.

Questi sono momenti importanti per il nostro paese, e con il voto di due settimane fa gli americani hanno chiesto per l'Iraq una strategia plausibile con obiettivi chiari, una strategia non più basata su una ideologia e una politica, ma fondata su una valutazione realistica delle condizioni esistenti sul campo e dei nostri interessi nella regione. Questo tipo di realismo è mancato fin dal concepimento stesso della guerra, ed è ciò che mi ha convinto, nel 2002, a oppormi ad essa pubblicamente. L'idea che l'Iraq si sarebbe trasformato facilmente e in poco tempo in un fiorente avamposto democratico del Medio Oriente non era un piano per la vittoria, ma un'illusione dettata dall'ideologia. Ho detto allora e credo ancora oggi che Saddam Hussein fosse un dittatore spietato che voleva accaparrarsi armi di distruzione di massa, ma che non era una minaccia imminente per gli Stati Uniti; che una guerra in Iraq non avrebbe aiutato, ma ostacolato i nostri sforzi per sconfiggere al-Qaeda e completare il lavoro iniziato in Afghanistan; e che un'invasione avrebbe richiesto un'occupazione a tempo indeterminato, dai costi indeterminati e le conseguenze indeterminate.

Mese dopo mese, e poi anno dopo anno, con angoscia ho visto che le mie più fosche previsioni rispetto al concepimento stesso della guerra erano confermate e addirittura rese più cupe dal modo disastroso nel quale essa veniva condotta. Ci hanno detto di aspettare e di non far domande; ci hanno assicurato che la guerriglia aveva le ore contate; ci hanno detto che i miglioramenti erano dietro l'angolo e che quando gli iracheni avessero avuto la forza necessaria per difendersi, noi avremmo potuto ritirarci.

Quando sono venuto qui, un anno fa, a parlare della guerra, ho proposto di avviare un ritiro programmato delle truppe americane dal territorio iracheno. Settantacinque senatori repubblicani e democratici, fra cui il sottoscritto, avevano peraltro votato una risoluzione in cui si chiedeva che il 2006 fosse un anno di significativa transizione in Iraq. Ciò cui invece abbiamo assistito è stato un anno di significativo peggioramento, in cui autorevoli esponenti repubblicani come John Warner, ex ministri del governo Bush come Colin Powell, generali che hanno combattuto in Iraq, ed esperti di intelligence, hanno tutti affermato che la nostra linea politica in quel paese non funziona. Un anno che sta per concludersi con il tentativo da parte del Gruppo di studio sull'Iraq – costituito da esponenti di entrambi i partiti – di stabilire cosa si può fare in un paese che si sta avvitando in una spirale fuori controllo.

Secondo il Pentagono, la situazione sul campo è ormai vicina al caos. La violenza settaria ha raggiunto livelli record, e dallo scorso febbraio, quando è stata bombardata una moschea sciita a Samarra, 365 000 iracheni hanno abbandonato le loro case. Stando ai dati, negli ultimi due anni le forze di sicurezza irachene hanno reclutato e addestrato 300 000 uomini, eppure il numero dei soldati americani è rimasto invariato. L'incremento di 4000 soldati a Baghdad non sta migliorando la sicurezza di una città sempre più pericolosa. Inoltre, i sondaggi dimostrano che quasi due terzi degli iracheni appoggiano gli attacchi ai soldati americani.

Il primo ministro al-Maliki non sta facilitando il nostro lavoro. Soltanto nelle ultime tre settimane – cito un articolo del «New York Times» – ha «rifiutato l'idea di un piano d'azione americano su questioni urgenti della politica irachena; ha ordinato ai comandanti americani di togliere i posti di blocco che avevano organizzato intorno al quartiere sciita di Sadr City per ricercare un soldato americano rapito e un fuggitivo iracheno, capo di una banda sciita; e ha incolpato gli americani del peggioramento delle condizioni di sicurezza in Iraq». Questa è la realtà irachena.

Ora, ho fiducia che il Gruppo di studio sull'Iraq presenti il mese prossimo una serie di proposte intorno alle quali possa costruirsi un largo consenso. Mi impegno a lavorare con l'amministrazione Bush e con ogni collega nei mesi a venire per creare tale consenso. E credo sia ancora possibile arrivare a un esito accettabile per questa guerra lunga e mal condotta. Ma non sarà facile, perché non sono rimaste molte opzioni e non ne esiste nessuna che non comporti rischi notevoli. In Iraq, quindi, il problema non è se esista o meno una formula magica per il successo o per la garanzia di non fallire. Piuttosto, il problema è quali strategie, per quanto imperfette, abbiano maggiori probabilità di giungere a un buon esito – un esito che finalmente ci porti su una rotta più efficace per affrontare il terrorismo internazionale, la proliferazione del nucleare e le altre gravi minacce alla nostra sicurezza.

È del tutto evidente che non basta che il presidente affronti la realtà irachena dicendosi «aperto a» o «interessato a» nuove idee, mentre intanto agisce come se quel che serve è proseguire sulla stessa strada. Non basta indicare obiettivi per il cambiamento in assenza di conseguenze per la loro mancata attuazione. Non basta che il presidente ci dica che la vittoria della guerra dipende semplicemente dalla risolutezza degli americani. Il popolo americano è stato straordinariamente risoluto. Ha visto i suoi figli e le sue figlie uccisi o feriti per le strade di Fallujah. Ha speso in questo sforzo centinaia di miliardi di dollari guadagnati con sudore; soldi che potevano essere utilizzati per rafforzare la sicurezza interna e la nostra competitività come paese. No, non è stata una mancanza di risolutezza a portarci in questo caos, ma una mancanza di strategia. E la strategia deve cambiare.

Sul piano politico, può far comodo al presidente limitarsi a definire una vittoria la decisione di restare e una sconfitta quella di ritirarsi, ma ciò impedisce una discussione seria sugli obiettivi realistici che possiamo ancora raggiungere in Iraq. I sogni di democrazia e le speranze di un governo perfetto sono rimasti tali, sogni e speranze. Dobbiamo piuttosto concentrarci sugli obiettivi concreti che possiamo realizzare, vale a dire impedire che l'Iraq si trasformi in ciò che prima era l'Afghanistan, conservare la nostra influenza in Medio Oriente e giungere a un accordo politico che fermi le violenze settarie e permetta ai nostri soldati di tornare a casa.

I soldati americani che ho incontrato quando sono andato in Iraq quest'anno stavano compiendo il proprio dovere con coraggio, prontezza e senza riserve. Ma pur essendosi assunti le loro responsabilità con valore e merito, mi hanno detto che non esiste una soluzione militare a questa guerra. Le nostre truppe possono aiutare a reprimere la violenza, ma non possono risolverne le cause. Neanche tutti i soldati del mondo sarebbero in grado di costringere sciiti, sunniti e curdi a sedersi attorno a un tavolo, a ricomporre le divergenze e stabilire una pace duratura.

Da tempo sostengo che l'unica soluzione in Iraq è di natura politica. Per arrivare a una simile soluzione, occorre dire in maniera chiara e inequivocabile alle fazioni in lotta che il tempo delle richieste, degli inviti e dell'attesa affinché assumano il controllo del loro paese sta per finire. Basta con le farse, basta con gli equivoci. L'unica speranza concreta è utilizzare i mezzi che abbiamo – militari, finanziari, diplomatici – per far pressione sulla leadership irachena, affinché si giunga a un accordo politico tra le fazioni in lotta che possa creare un senso di stabilità nel paese e riprendere il controllo del conflitto.

La prima parte della strategia si attua esercitando la leva più potente che abbiamo sul governo iracheno, ovvero una smobilitazione programmata delle truppe americane in Iraq che potrebbe iniziare nel giro di quattro o sei mesi. Quando, più di un anno fa, ho invocato per la prima volta i primi passi lungo questo cammino, speravo che la smobilitazione programmata potesse cominciare alla fine del 2006. Ora, non può che iniziare nel 2007, ma deve iniziare. Soltanto attraverso una smobilitazione delle nostre truppe daremo un messaggio chiaro alle fazioni irachene: gli Stati Uniti non terranno insieme questo paese a tempo indeterminato, ma lo riconsegneranno a loro affinché formino un governo che possa effettivamente amministrare e rendere sicuro l'Iraq.

Voglio essere più chiaro: il presidente dovrebbe annunciare al popolo iracheno che la nostra politica prevede una graduale, ma consistente riduzione delle forze armate statunitensi. Dovrebbe poi lavorare insieme ai vertici militari per mettere a punto il piano migliore per una simile smobilitazione e fissare date e fasi certe. Laddove possibile, tutto ciò andrebbe fatto di concerto con il governo iracheno, ma non può dipendere dalla sua approvazione.

Diminuire il numero dei soldati in Iraq ci consentirà di dislocare altre truppe in Kurdistan e altrove nella regione con la funzione di *over the horizon force*[3]. Ciò potrebbe aiutare a impedire che il conflitto iracheno si allarghi, a consolidare la nostra posizione nell'Iraq settentrionale, a rassicurare gli alleati del Golfo, a consentire ai nostri soldati di colpire direttamente al-Qaeda ovunque sia, e a dimostrare al terrorismo internazionale che non è riuscito a estrometterci dalla regione.

E, cosa forse più importante, alcune di queste truppe potrebbero essere dislocate in Afghanistan, dove la mancanza di lucidità e di impegno nell'impiego delle risorse ha causato un progressivo deteriorarsi del livello di sicurezza. La decisione del presidente di portare la guerra in Iraq ha avuto conseguenze disastrose per l'Afghanistan. Abbiamo assistito a una violenta offensiva talebana, a un'impennata degli attacchi terroristici e a una crescente perdita di controllo sul problema del narcotraffico. Invece di rafforzare la posizione del governo Karzai, stiamo ritornando nel caos. Con un trasferimento di truppe dall'Iraq all'Afghanistan, risponderemmo all'appello della Nato per un maggior impegno militare in termini di uomini e daremmo l'impulso necessario a questa difficile battaglia contro il terrorismo.

Una volta portata a compimento una smobilitazione programmata, la maggior parte delle truppe rimaste in Iraq

[3] Denominazione tecnica di una forza militare che si occupa del consolidamento della pace in un territorio, anche attraverso la cooperazione con la popolazione locale per il sostegno delle attività civili.

potrebbe concentrarsi su compiti delicati anche se meno vistosi, come proteggere le zone logistiche di rifornimento energetico, le infrastrutture fondamentali e le *enclaves* americane come la Zona Verde, oltre che agire da forza di reazione rapida in risposta alle emergenze e dare la caccia ai terroristi.

In un tale scenario è plausibile pensare che in Iraq possa proseguire per un periodo di tempo più lungo una presenza militare americana, seppur significativamente ridotta. Ma solo a condizione che i vertici militari ritengano utile una simile presenza, che ci sia un accordo sostanziale tra le fazioni irachene per una soluzione politica, che il governo iracheno mostri un impegno concreto a smantellare le milizie, e che ci chieda un tale sostegno apertamente e senza ambiguità. In ogni caso dovrà essere chiaro che gli Stati Uniti non manterranno basi militari permanenti in Iraq, ma faranno ciò che è necessario per impedire il collasso dello Stato iracheno e la conseguente polarizzazione della società. Una simile presenza, ridimensionata ma fattiva, costituirà inoltre un chiaro messaggio a paesi ostili quali l'Iran e la Siria: noi intendiamo continuare ad avere un ruolo chiave nella regione.

La seconda parte della strategia dovrebbe affiancare alla smobilitazione programmata, un piano più efficace per trasferire il comando alle forze di sicurezza irachene, intensificando e concentrando gli sforzi sulla formazione e aumentando il numero dei nostri effettivi – in particolare i corpi speciali – impiegati come consulenti militari fra gli iracheni.

Un aumento qualitativo e quantitativo del personale americano, in ruoli formativi e di consulenza, può rappresentare uno strumento di controllo delle infiltrazioni nell'esercito iracheno, può accrescere la fiducia e la volontà dei soldati iracheni e della popolazione locale e consentire un lavoro di intelligence migliore che scoraggi il sostegno popolare ai ribelli. Voglio sottolineare un punto fondamentale: qualsiasi strategia americana deve affrontare il problema delle milizie contrapposte in Iraq. In assenza di un impegno concreto a risolvere questo problema da parte di tutte le fazioni in lotta, è improbabile che il governo iracheno possa funzionare a lungo e che le forze militari statunitensi, per quanto imponenti, possano evitare una escalation di violenza settaria di vaste proporzioni.

È ovvio che, per convincere le diverse fazioni ad avventurarsi nel difficile compito di disarmare le milizie, il governo iracheno debba anche fare dei passi in avanti nel processo di riforma delle istituzioni che reggono l'esercito e la polizia. Possiamo insegnare ai soldati a combattere e ai poliziotti a pattugliare, ma se il governo iracheno non darà loro la remunerazione e le dotazioni necessarie, continueranno a disertare in massa o a garantire fedeltà al proprio gruppo religioso piuttosto che al governo nazionale. Le forze di sicurezza devono avere una maggiore capacità di inclusione, poiché un esercito composto in larga parte da sciiti e curdi non può che presentarsi come una minaccia per i sunniti e spingerli a combattere con maggiore convinzione.

La terza parte della strategia dovrebbe legare l'aiuto economico all'Iraq alla certificazione di progressi tangibili in direzione di un accordo politico. Finora, il Congresso ha concesso al governo una libertà d'azione senza precedenti nelle scelte su come spendere più di 20 miliardi di dollari in Iraq. Ma piuttosto che a un uso responsabile e mirato di questo aiuto, abbiamo assistito a sprechi e truffe mai verificatisi prima nella storia americana degli aiuti esteri. Oggi, il paesaggio iracheno è disseminato di opere incompiute e mal concepite che non sono servite a dare stabilità al paese, né ad aiutare la popolazione locale.

Dobbiamo continuare a garantire fondi per la ricostruzione, che vengano però impiegati per mettere gli iracheni al lavoro e aiutare le nostre truppe a stabilizzare le zone più importanti. Ma dobbiamo anche prendere in considerazione programmi di aiuto soggetti a condizioni specifiche, all'interno dei quali l'assistenza economica dipenda dalla capacità degli iracheni di giungere a progressi certificabili nella diminuzione della violenza settaria e nella creazione di un consenso politico duraturo.

Infine, dobbiamo renderci conto che l'intero Medio Oriente gioca un ruolo fondamentale nell'esito della questione irachena, e dobbiamo coinvolgere i paesi vicini nella ricerca di una soluzione. Ciò implica l'apertura di un dialogo con la Siria e l'Iran, un'idea sostenuta sia da James Baker che da Robert Gates[4]. Sappiamo che questi paesi vogliono il nostro fallimento, e anche per questo più salda deve essere la nostra opposizione alla loro politica di sostegno al terrorismo e alle ambizioni nucleari dell'Iran. E tuttavia né l'Iran né la Siria vogliono assistere a un vuoto di potere in Iraq colmato dal caos, dal terrorismo, dai profughi e dalla violenza, poiché questo avrebbe esiti destabilizzanti in tutta l'area e dunque all'interno dei loro stessi paesi. Pertanto, sono assolutamente convinto che occorrerebbe organizzare una conferenza regionale con iracheni, sauditi, iraniani, siriani, turchi, giordani, inglesi e con altri

[4] James Baker è il responsabile del Gruppo di studio sull'Iraq; Robert Gates è il segretario alla Difesa succeduto a Rumsfeld dopo le elezioni del novembre 2006.

ancora. L'obiettivo di questa conferenza dovrebbe essere quello di portare fuori dall'Iraq i combattenti provenienti da altri paesi della regione, evitare un'ulteriore escalation nella guerra civile e spingere le diverse fazioni irachene a una soluzione politica.

Ma attenzione: se gli iraniani e i siriani pensano di poter sfruttare l'Iraq come un altro Afghanistan o come base di appoggio per attaccare Israele o altri paesi, si sbagliano di grosso. È nel nostro interesse nazionale impedire che ciò accada. Per questo dovremmo render chiaro che, anche quando avremo cominciato a ridurre la nostra presenza militare, continueremo a lavorare nell'area insieme ai nostri alleati per combattere il terrorismo internazionale ed evitare la proliferazione delle armi di distruzione di massa. È semplicemente dannoso per noi lasciare intentato un dialogo con Siria e Iran su un problema di tale importanza per tutti.

Il che mi porta a una serie di questioni più ampie. Un cambiamento di rotta in Iraq dovrebbe aiutarci a riflettere su cosa l'Iraq ci ha insegnato riguardo alla strategia americana nella più ampia lotta contro le minacce degli Stati canaglia e del terrorismo internazionale. Molti di coloro che approvarono la decisione iniziale di dichiarare guerra all'Iraq sostengono che la guerra è fallita per il modo in cui è stata condotta. Ma io sono sempre stato convinto che il suo stesso concepimento sia stato un fallimento, che la logica stessa che stava dietro alla guerra fosse errata. E su questa strada, credo ci siano da trarre importanti lezioni strategiche, utili per proseguire la lotta contro le minacce del nuovo secolo.

La prima lezione è che dobbiamo avere più umiltà nel credere di poter imporre la democrazia in un paese con la forza delle armi. In passato ci sono stati movimenti per la libertà all'interno di regimi dittatoriali che hanno portato a democrazie stabili; movimenti che esistono tuttora. Ma questo non significa rinnegare i nostri valori e ideali; per quanto possibile, è nel nostro interesse aiutare a promuovere la democrazia attraverso le risorse diplomatiche ed economiche a nostra disposizione. E tuttavia, pur garantendo un simile aiuto, dev'esserci chiaro che le istituzioni democratiche – libero mercato, libertà di stampa, una forte società civile – non si possono costruire da un giorno all'altro e che non si possono costruire con le armi. E perciò dobbiamo renderci conto che le libertà di cui parlava Roosevelt[5] – in particolare quella dalla povertà e quella dalla paura – non si conquistano semplicemente deponendo un tiranno e distribuendo schede elettorali: esse diventano realtà solo quando si è in grado di garantire anche la sicurezza individuale e materiale di una popolazione.

La seconda lezione è che in qualunque conflitto non basta limitarsi a programmare la guerra: bisogna programmare la vittoria. Molto si è detto riguardo all'invasione militare dell'Iraq e alla mancanza di una riflessione sulla situazione politica che avremmo trovato dopo la caduta di Baghdad. Questa mancanza è semplicemente imperdonabile. Quando mandiamo i nostri soldati in qualsiasi parte del mondo, abbiamo la solenne responsabilità di precisarne la missione e di elaborare un programma plausibile per realizzare quella missione e riportare a casa le truppe.

[5] Il riferimento è alle quattro libertà fondamentali che dovrebbero essere garantite a ogni uomo in ogni parte del mondo, secondo quanto detto dal presidente Roosevelt nel corso del famoso discorso sullo stato dell'Unione del gennaio 1941, pronunciato davanti al Congresso. Gli altri due punti riguardavano la libertà di espressione e di fede religiosa.

L'ultima lezione è che in un mondo globalizzato, sconfiggere il terrorismo internazionale – e, cosa più importante, impedire alle organizzazioni terroristiche di impadronirsi di armi di distruzione di massa – richiede la collaborazione di molti paesi. Dobbiamo sempre riservarci il diritto di colpire unilateralmente i terroristi dovunque essi si trovino, ma dobbiamo sapere che le nostre possibilità di successo dipendono dalla capacità di coinvolgere i nostri alleati in modo da ricevere l'appoggio diplomatico, militare, finanziario e di intelligence in grado di agevolare il nostro sforzo e di dare maggiore legittimazione alle nostre azioni. Ciò significa dialogare con i nostri amici e, a volte, anche con i nemici.

Dobbiamo tenere a mente queste lezioni quando pensiamo alle minacce più ampie che l'America si trova a fronteggiare – minacce cui finora non abbiamo prestato sufficiente attenzione perché distratti dall'Iraq. Il National Intelligence Estimate, che descrive nei dettagli come in Iraq stiamo creando più terroristi di quanti ne stiamo sconfiggendo, dà l'esempio più evidente di come la guerra danneggi i nostri sforzi nella più ampia battaglia contro il terrorismo. Ma ce ne sono molti altri.

Lo sproporzionato dispiegamento di truppe, intelligence e risorse in Iraq ha messo il nostro esercito sotto una pressione che rischia di schiacciarlo, e ha distolto la nostra attenzione dalle crescenti minacce di un mondo pericoloso. Il capo di Stato maggiore ha dichiarato di recente che nel caso di un conflitto in Corea del Nord dovremmo affidarci per lo più alla Marina e all'Aviazione, poiché esercito e marines sono impegnati altrove. Nei miei viaggi in Africa, ho visto governi e società deboli che possono essere sfruttati da al-Qaeda. E in un viaggio nell'ex Unione Sovietica ho visto armi biologiche e nucleari di cui i terroristi potrebbero facilmente appropriarsi mentre il mondo guarda da un'altra parte.

E c'è un altro versante sul quale stiamo pagando cari gli errori in Iraq: la perdita di credibilità del nostro governo agli occhi degli americani. Secondo un sondaggio del Pew[6], il 42% degli americani ritiene che gli Stati Uniti dovrebbero «occuparsi dei propri interessi internazionali e lasciare agli altri paesi il compito di cavarsela come meglio possono». Ma noi non possiamo permetterci di diventare un paese di isolazionisti proprio adesso. L'11 settembre ci ha dimostrato che, per quanto possiamo ignorare il resto del mondo, i nostri nemici non ignoreranno più noi. Perciò, dobbiamo mantenere una politica estera forte, inesorabile nel dare la caccia ai nostri nemici e fiduciosa nel promuovere i nostri valori nel mondo.

Ma per tenere sotto controllo i sentimenti isolazionisti presenti nel paese, dobbiamo cambiare le condizioni in Iraq e la linea politica che ha caratterizzato la nostra permanenza laggiù, una linea politica fondata su speranze vane e premesse ideologiche piuttosto che sulla realtà dei fatti.

Gli americani hanno chiesto questa linea politica più seria due settimane fa: è tempo che diamo ascolto alle loro istanze e riconquistiamo la loro fiducia. In questa sede un anno fa ho espresso opinioni riguardo all'Iraq simili a quelle odierne: rifiuto l'idea di ripresentarmi qui fra un anno a dire le stesse cose.

Ci sono stati troppi discorsi, ci sono state troppe scuse, ci sono state troppe bare avvolte nella bandiera nazionale, e ci sono state troppe famiglie distrutte dal dolore. Il tem-

[6] Struttura di ricerca e di sondaggi americana indipendente.

po dell'attesa in Iraq è finito. È giunto il momento di cambiare politica. È giunto il momento di restituire agli iracheni il loro paese. Ed è giunto il momento di concentrare di nuovo gli sforzi americani su una battaglia più grande ancora da vincere.

Per una nuova politica estera degli Stati Uniti*

Giugno 2007

Nel secolo scorso, in momenti di grande pericolo, leader americani come Franklin Roosevelt, Harry Truman e John F. Kennedy agirono in modo tale da proteggere il popolo americano e al tempo stesso accrescere le opportunità per le nuove generazioni. Ancor più, seppero garantire che l'America, con l'azione e l'esempio, guidasse e rendesse migliore il mondo, che noi fossimo in grado di schierarci e di lottare per quelle libertà cui aspiravano miliardi di persone fuori dalle nostre frontiere.

Se da un lato Roosevelt costruì il più formidabile apparato militare che il mondo avesse mai conosciuto, dall'altro le sue Quattro Libertà diedero senso alla nostra lotta contro il fascismo. Truman promosse la costruzione di una nuova audace struttura capace di far fronte alla minaccia sovietica – una struttura in grado di affiancare alla forza militare il Piano Marshall, e che aiutasse a garantire la pace e il benessere delle nazioni nel mondo. Quando il colonialismo crollò e l'Unione Sovietica riuscì a raggiungere una sostanziale parità nucleare, Kennedy seppe modernizzare la nostra dottrina militare, rafforzare le nostre forze convenzionali, e al tempo stesso creare i «Corpi della Pace» e l'«Alleanza per il progresso». Tutti e tre adoperaro-

* *Renewing American Leadership*, in «Foreign Affairs», luglio-agosto 2007.

no la nostra forza per mostrare agli occhi di tutti gli altri popoli il meglio dell'America.

Oggi, siamo di nuovo chiamati a dotarci di una leadership in grado di guardare lontano. Le minacce di questo secolo sono altrettanto pericolose, e in qualche misura più complesse, di quelle che abbiamo fronteggiato nel passato. Vengono da armi che possono uccidere su una scala di massa, e da terroristi globali che rispondono all'alienazione o a quella che considerano l'ingiustizia con un nichilismo assassino. Vengono da Stati canaglia alleati dei terroristi e da nuove potenze in grado di sfidare contemporaneamente l'America e le fondamenta internazionali di una democrazia liberale. Vengono da Stati deboli, che non sono in grado di controllare il loro territorio o di provvedere ai bisogni dei loro popoli. E vengono da un riscaldamento del pianeta che può causare nuove malattie, produrre disastri naturali ancor più devastanti, e innescare conflitti sanguinosissimi.

Riconoscere l'ampiezza e la complessità di queste minacce non vuol dire abbandonarsi al pessimismo. Al contrario, è un appello all'azione. Queste minacce richiedono nel XXI secolo una leadership con una nuova visione: una visione che scaturisca dal passato, ma che non sia imprigionata da vecchi modi di pensare. L'amministrazione Bush ha risposto agli attacchi non convenzionali dell'11 settembre con una visione vecchia e convenzionale, considerando i problemi come basati su una dimensione eminentemente statale, e riconducibili a soluzioni militari. È stata questa visione tragicamente sbagliata che ci ha condotto in Iraq a una guerra che non avrebbe mai dovuto essere autorizzata e iniziata. Sulla scia dell'Iraq e di Abu Ghraib, il mondo ha perso fiducia nei nostri obiettivi e nei nostri principi.

Dopo migliaia di vite perdute e miliardi di dollari spesi, molti americani possono essere tentati di rinserrarsi nelle mura domestiche, e di cedere la nostra leadership nelle questioni internazionali. Ma questo è un errore che non dobbiamo fare. L'America non può affrontare da sola le minacce di questo secolo, e il mondo non le può affrontare senza l'America. Non possiamo ritirarci dal mondo, ma non possiamo nemmeno cercare di sottometterlo a noi. Dobbiamo guidare il mondo, con l'azione e con l'esempio.

Una simile leadership richiede il recupero di un insegnamento essenziale di Roosevelt, Truman e Kennedy, un insegnamento che è vero oggi più che mai: la sicurezza e il benessere di ogni americano dipendono dalla sicurezza e dal benessere di coloro che vivono fuori dalle nostre frontiere. Il compito degli Stati Uniti è di garantire una leadership globale basata sulla convinzione che il mondo condivida una comune sicurezza e una comune umanità.

Il momento dell'America non è passato, bisogna solo saperlo cogliere di nuovo. Considerare la potenza americana destinata a un irreversibile declino significa ignorare la grande promessa e il compito storico che l'America ha verso il mondo. Se sarò eletto presidente, comincerò ad operare per rinnovare quella promessa e quel compito il giorno stesso del mio insediamento.

Andare oltre l'Iraq

Per rinnovare la leadership americana nel mondo, dobbiamo innanzi tutto finire in modo responsabile la guerra irachena e rifocalizzare la nostra attenzione su tutto il Medio Oriente. L'Iraq ci ha fuorviato dalla lotta contro i terroristi che ci avevano colpiti l'11 settembre, e un'irresponsabile prosecuzione della guerra da parte delle autorità politiche americane comporterebbe l'errore strategico di metterla al primo posto. Noi americani abbiamo già perduto più di 3300 vite, e molte altre migliaia tra noi portano ferite visibili e invisibili.

I nostri uomini e donne al fronte si sono comportati in modo ammirevole, sopportando sacrifici incommensurabili. Ma è venuto il momento per le nostre autorità politiche di ammettere una dolorosa verità: non possiamo imporre una soluzione militare a una guerra civile tra le fazioni sunnite e sciite. L'unica possibilità che abbiamo per lasciare l'Iraq in una condizione migliore è di premere sulle parti in conflitto perché trovino una soluzione politica. E l'unica maniera efficace per esercitare questa pressione è di avviare un graduale ritiro delle forze Usa, con l'obiettivo di richiamare dall'Iraq tutti i reparti di combattimento entro il 31 marzo 2008, data compatibile con l'obiettivo fissato da quella istituzione bipartisan che è il Gruppo di studio sull'Iraq. Questa smobilitazione potrebbe essere temporaneamente sospesa se il governo iracheno mostrasse di raggiungere gli obiettivi di sicurezza, politici ed economici, ai quali si è impegnato. Ma bisogna riconoscere che, alla fine, solo i leader iracheni possono dare realmente pace e stabilità al loro paese.

Allo stesso tempo, dobbiamo lanciare una grande iniziativa diplomatica regionale e internazionale che aiuti a por fine alla guerra civile in Iraq, ne contenga la possibile espansione e attenui le sofferenze del popolo iracheno. Per essere credibili in questo sforzo, dobbiamo chiarire che non abbiamo nessuna intenzione di stabilire basi permanenti in Iraq. Dopo il ritiro, dovremo lasciare nella regione solo un contingente militare minimo, per proteggere il personale e i beni americani, continuare l'addestramento delle forze di sicurezza irachene, ed estirpare al-Qaeda.

Il pantano iracheno ha reso enormemente più difficile affrontare e dirimere i numerosi altri problemi di quell'area, e ha reso molti di questi problemi enormemente più pericolosi. Il cambiamento della prospettiva in Iraq ci consentirà di concentrare la nostra attenzione e la nostra influenza sulla risoluzione dell'ormai incancrenito conflitto tra israeliani e palestinesi, compito che l'amministrazione Bush ha trascurato per anni.

Per più di trent'anni israeliani, palestinesi, leader arabi, e il resto del mondo, hanno guardato all'America perché guidasse gli sforzi per costruire la via di una pace durevole. Negli anni più recenti, hanno tutti guardato invano. Il nostro punto di partenza deve continuare ad essere un chiaro e forte impegno a favore della sicurezza di Israele, che è il nostro più forte alleato nella regione ed è la sola democrazia che sia lì radicata. Si tratta di un impegno ancor più cruciale dal momento che ora affrontiamo sfide sempre maggiori in quell'area: un Iran che si è rafforzato, un Iraq che versa in uno stato caotico, la ripresa di al-Qaeda, il rafforzamento di Hamas e di Hezbollah. Ora più che mai, dobbiamo sforzarci di garantire una soluzione durevole al conflitto, con due Stati in grado di vivere l'uno accanto all'altro, in pace e sicurezza. Per far ciò, dobbiamo aiutare gli israeliani a identificare e rafforzare quei partner che sono veramente interessati alla pace, mentre bisogna isolare quelli che perseguono il conflitto e l'instabilità. Una solida leadership americana nel processo di pace e sicurezza richiederà uno sforzo paziente e l'impegno personale del presidente degli Stati Uniti. È un impegno che mi assumerò. In tutto il Medio Oriente, dovremo orientare l'iniziativa americana verso un rafforzamento della nostra diplomazia. Una diplomazia determinata, sostenuta dall'intera gamma degli strumenti della potenza americana – politici, economici e militari – potrebbe aver successo anche di fronte ad avversari di vecchia data come l'Iran e la Siria.

La nostra politica fatta di continue minacce e tesa a contare su intermediari per bloccare il programma nucleare iraniano, gli aiuti al terrorismo e le aggressioni nella regione, sta fallendo. Per quanto sia nostro dovere non scartare l'impiego della forza militare, non dovremo però esitare a parlare direttamente con l'Iran. La nostra diplomazia dovrà cercare di sottolineare quale costo rappresenti per l'Iran la prosecuzione del suo programma nucleare, applicando sanzioni più severe e sollecitando una pressione crescente da parte dei principali partner commerciali iraniani. Il mondo deve lavorare per bloccare il programma iraniano di arricchimento dell'uranio e per evitare che l'Iran possa acquisire armi nucleari. È estremamente pericoloso lasciare armi nucleari in mano a una teocrazia radicale. Al tempo stesso, dobbiamo mostrare all'Iran, e specialmente al popolo iraniano, quali vantaggi potrebbero venire da un cambiamento radicale: impegni economici, garanzie sulla sicurezza, relazioni diplomatiche. La diplomazia, abbinata alla pressione, potrebbe allo stesso modo spingere la Siria verso una posizione più moderata, facendole abbandonare i propositi estremisti. Il che, a sua volta, aiuterebbe a stabilizzare l'Iraq, a isolare l'Iran, a liberare il Libano dalla stretta di Damasco, e quindi a migliorare la sicurezza di Israele.

Rinvigorire l'apparato militare

Per rinnovare la leadership americana nel mondo, dobbiamo immediatamente cominciare a lavorare per rinvigorire il nostro apparato militare, necessario più di ogni altra cosa per mantenere la pace. Sfortunatamente, il nostro esercito e la nostra marina, secondo quanto ci dicono i nostri vertici militari, sono di fronte a una crisi. Il Pentagono non è in grado di certificare nessuna singola unità militare all'interno degli Stati Uniti come realmente pronta a rispondere, in caso di una nuova crisi o emergenza, oltre all'Iraq; l'88% della Guardia Nazionale non è pronto ad essere schierato oltremare.

Dobbiamo usare questo momento sia per ricostruire il nostro apparato militare, sia per prepararlo ai compiti del futuro. Dobbiamo conservare la capacità di spegnere sul nascere ogni minaccia convenzionale al nostro paese e ai nostri interessi vitali. Ma dobbiamo anche essere meglio preparati, e coi piedi ben piantati per terra, per affrontare nemici che combattano campagne asimmetriche e con forti capacità di adattamento su scala globale.

Dovremo accrescere la nostra dotazione di base, aggiungendo 65 000 soldati e 27 000 marines. Motivare queste forze è ben più che adeguarne il numero. Dovremo arruolare solo i migliori e investire nella loro capacità di successo: il che significherà dotare i nostri uomini e le nostre donne di equipaggiamenti di prim'ordine, di attrezzature, di incentivi, e di una formazione che includa l'apprendimento delle lingue straniere e altre specifiche capacità. Tutti i principali programmi di difesa dovranno essere rifinanziati alla luce dei bisogni attuali, delle lacune riscontrate sul campo, e dei possibili futuri scenari di minaccia. Il nostro apparato militare dovrà ricostruire alcune sue potenzialità e trasformarne altre. Allo stesso tempo, abbiamo bisogno di stanziare risorse sufficienti a far sì che la Guardia Nazionale recuperi la sua capacità di essere pronta all'impiego.

Ma rafforzare il nostro apparato militare non sarà sufficiente. Come comandante in capo, mi riprometto di usare le nostre forze armate in modo oculato. Quando manderemo i nostri uomini e le nostre donne in zone a rischio, voglio definire esattamente i loro compiti, approfondire le valutazioni dei nostri comandi militari, giudicare obiettivamente le informazioni e assicurarmi che le nostre truppe abbiano le risorse e i supporti che sono loro necessari. Non esiterò ad adoperare la forza, se necessario anche in modo unilaterale, per proteggere il popolo americano o i nostri interessi vitali tutte le volte che saranno attaccati o direttamente minacciati.

Dobbiamo anche prendere in considerazione l'uso della forza militare in circostanze che esulino dall'autodifesa, quando si tratti di garantire la comune sicurezza a sostegno della stabilità globale: nel caso si debbano aiutare gli alleati, si debba partecipare a operazioni di stabilizzazione o ricostruzione, o si debbano contrastare atrocità di massa. Ma quando useremo la forza in situazioni che non siano connesse alla nostra autodifesa, dovremo fare ogni sforzo per garantirci il chiaro sostegno e la partecipazione degli altri, come fece il presidente George H. W. Bush quando conducemmo la campagna per cacciare Saddam Hussein dal Kuwait nel 1991. Le conseguenze derivate dall'aver trascurato quella lezione, nel contesto dell'attuale conflitto iracheno, sono state molto gravi.

Arrestare la crescita delle armi nucleari

Per rinnovare la leadership americana nel mondo, dobbiamo affrontare la minaccia più incombente per la sicurezza dell'America e del mondo: il proliferare di armi, materiali e tecnologie nucleari, e il rischio che un dispositivo nucleare finisca nelle mani dei terroristi. L'esplosione di un simile dispositivo comporterebbe una catastrofe tale da far sembrare piccola la devastazione dell'11 settembre, e sarebbe in grado di scuotere ogni angolo del mondo.

Come hanno ammonito George Shultz, William Perry, Henry Kissinger e Sam Nunn, le nostre attuali misure non sono sufficienti a contrastare la minaccia nucleare. Il regime di non-proliferazione è sotto scacco, e nuovi programmi nucleari civili potrebbero creare nuovi modi per costruire armi nucleari. Al-Qaeda si è data l'obiettivo di provocare una «Hiroshima» negli Stati Uniti. I terroristi non hanno bisogno di costruire di sana pianta un'arma nucleare: a loro basta rubarne o comprarne una, o procurarsi i materiali per assemblarla. Attualmente più di quaranta paesi nel mondo possiedono nei loro impianti nucleari civili l'uranio arricchito, talvolta protetto da debolissimi sistemi di sicurezza. Nell'ex Unione Sovietica, ci sono all'incirca 15-16 000 bombe nucleari, e scorte di uranio e plutonio sufficienti per costruirne altre 40 000, il tutto sparso in un raggio di 11 fusi orari: e già successo che venissero catturate persone che stavano tentando di sottrarre materiale nucleare per venderlo al mercato nero.

Come presidente, lavorerò con le altre nazioni per mettere al sicuro, distruggere, fermare il proliferare di queste armi, in modo da ridurre drasticamente i pericoli nucleari per la nostra nazione e per tutto il mondo. L'America deve guidare uno sforzo globale per mettere al sicuro, entro un periodo massimo di quattro anni, tutte le armi e i materiali nucleari che si trovino in siti vulnerabili; è questa la via più concreta per prevenire la possibilità che i terroristi entrino in possesso di una bomba.

Tutto ciò comporterà la cooperazione attiva della Russia. Anche se non dovremo diminuire i nostri sforzi per favorire una maggiore democrazia e affidabilità della Russia, dobbiamo lavorare insieme ad essa nelle aree di comune interesse, soprattutto per far sì che le armi e i materiali nucleari vengano posti al sicuro. Dovremo anche lavorare con la Russia per ridefinire e alleggerire i nostri armamenti nucleari da guerra fredda pericolosamente invecchiati, e ridimensionare il ruolo delle armi nucleari. L'America non deve precipitarsi a produrre una nuova generazione di testate nucleari. E dovremo invece sfruttare le recenti innovazioni tecnologiche per costruire un consenso bipartisan attorno alla ratifica del Trattato sulla interdizione completa degli esperimenti nucleari (Comprehensive Test Ban Treaty). Tutto ciò può essere fatto mantenendo un forte deterrente nucleare. Passi del genere finiranno col rafforzare, non indebolire, la nostra sicurezza.

Mentre metteremo sotto chiave i depositi nucleari esistenti, mi adopererò per negoziare una interdizione globale e verificabile della produzione di nuovo materiale per armamenti nucleari. Dovremo anche bloccare lo sviluppo della tecnologia delle armi nucleari e assicurarci che nessun paese possa costruire – o giungere al punto di poter costruire – un programma di armi nucleari, dietro il paravento di uno sviluppo dell'energia nucleare pacifica. Per questo motivo la mia amministrazione stanzierà immediatamente 50 milioni di dollari per avviare la creazione di una

Agenzia Internazionale per l'Energia Atomica (una sorta di banca del combustibile nucleare controllato) e lavorerà per aggiornare il Trattato di non-proliferazione nucleare. Dovremo anche rendere pienamente operativa la legge che il senatore Richard Lugar ed io abbiamo presentato per far sì che gli Stati Uniti e i nostri alleati possano scoprire e bloccare il commercio clandestino di armi di distruzione di massa in ogni parte del mondo.

Dobbiamo infine sviluppare una forte coalizione internazionale per impedire che l'Iran possa acquisire armi nucleari e per azzerare il programma di armamento nucleare della Corea del Nord. L'Iran e la Corea del Nord potrebbero scatenare corse regionali all'armamento, creando pericolosi focolai nucleari in Medio Oriente e in Asia orientale. Per contrastare queste minacce, non escluderò preventivamente l'opzione militare. Ma la nostra prima carta deve essere una diplomazia determinata, diretta e aggressiva, esattamente del tipo che l'amministrazione Bush non ha saputo né voluto adoperare.

Combattere il terrorismo globale

Per rinnovare la leadership americana nel mondo, dobbiamo costruire una risposta globale più efficace al terrorismo che è giunto sulle nostre sponde su scala senza precedenti l'11 settembre. Da Bali a Londra, da Baghdad ad Algeri, da Mumbai a Mombasa a Madrid, terroristi che rifiutano la modernità, che combattono l'America, che travisano l'Islam, hanno ucciso e mutilato decine di migliaia di persone, in questo solo decennio. Dal momento che questo nemico opera a livello globale, deve essere fronteggiato a livello globale.

Dobbiamo riconcentrare i nostri sforzi sull'Afghanistan e sul Pakistan – il fronte principale nella nostra guerra ad al-Qaeda – in modo da poter contrastare i terroristi là dove le loro radici sono più solide. Una vittoria in Afghanistan è ancora possibile, ma solo se agiremo in modo rapido, oculato e deciso. Dovremo perseguire una strategia integrata che rafforzi le nostre truppe in Afghanistan e rimuova le limitazioni poste da alcuni alleati della Nato alle rispettive truppe. La nostra strategia dovrà comportare anche un'incisiva azione diplomatica per isolare i talebani, nonché prevedere programmi di sviluppo più efficaci, che portino aiuti nelle aree in cui i talebani si stanno infiltrando.

Mi unirò ai nostri alleati nel pretendere – non solo nel chiedere – che il Pakistan usi la mano pesante con i talebani, che dia la caccia a Osama bin Laden e ai suoi luogotenenti, e che tronchi le sue relazioni con tutti i gruppi terroristici. Allo stesso tempo, mi adopererò per incoraggiare il dialogo tra Pakistan e India, lavorando per una risoluzione della loro contesa sul Kashmir, nonché il dialogo tra Afghanistan e Pakistan, perché vengano superate le loro storiche differenze e si sviluppi la regione di confine Pashtun. Se il Pakistan potrà guardare ad est con maggiore fiducia, sarà meno portato a credere che i suoi interessi siano meglio tutelati da una cooperazione con i talebani.

Sebbene un'azione vigorosa nell'Asia del sud e nell'Asia centrale debba essere un punto di partenza, i nostri sforzi devono essere più ampi. Non dev'esserci alcun rifugio sicuro per coloro che tramano per uccidere cittadini americani. Per sconfiggere al Qaeda, costruirò un apparato militare e un sistema di alleanze del XXI secolo forte quanto l'alleanza anticomunista che seppe vincere la guerra fredda, e in grado di stare all'erta dappertutto, da Gibuti a Kandahar.

Qui, in casa nostra, dobbiamo rafforzare il nostro sistema di sicurezza interno e proteggere una infrastruttura delicata dalla quale dipende il mondo intero. Possiamo cominciare investendo in sicurezza interna sulla base del rischio. Ciò significa impiegare più risorse per difendere i trasporti di massa; colmare le lacune nel nostro sistema di sicurezza aerea, verificando tutti i bagagli sui voli passeggeri e controllando tutti i passeggeri sulla base di un archivio fotografico generale; accrescere la sicurezza dei porti, assicurando che tutte le merci vengano passate ai raggi.

Per aver successo, le nostre misure di sicurezza interna e di antiterrorismo devono essere connesse a un apparato informativo che sappia affrontare efficacemente le minacce che abbiamo di fronte. Allo stato attuale, possiamo contare sulle stesse istituzioni e sulle stesse regole in essere prima dell'11 settembre. Abbiamo un estremo bisogno di rivedere la riforma dei servizi di intelligence, che vada ben oltre il riaggiustamento di qualche casella nell'apparato organizzativo. Per stare al passo con nemici estremamente duttili, abbiamo bisogno di tecnologie e di procedure che ci mettano in grado di raccogliere e far circolare nel modo più efficiente le informazioni tra le diverse agenzie di intelligence e all'interno di ciascuna di esse. Abbiamo bisogno, ancor più, di investire in intelligenza umana, e di schierare un numero maggiore di agenti e diplomatici ben addestrati, dotati di conoscenze specializzate sulle culture e le lingue locali. E dovremo istituzionalizzare l'abitudine di sviluppare valutazioni differenti e contrapposte delle minacce più pericolose, rafforzando i nostri metodi di analisi.

Infine, abbiamo bisogno di una strategia generale per sconfiggere i terroristi globali, una strategia che poggi sull'intera gamma della potenza americana, e non solo sulla nostra forza militare. Come ha sottolineato un vecchio ufficiale dello stato maggiore, quando i cittadini hanno dignità e opportunità «le possibilità di penetrazione dell'estremismo sono fortemente ridotte, se non azzerate». È per questo motivo che dobbiamo investire, insieme ai nostri alleati, per rafforzare gli Stati deboli e aiutare la ricostruzione di quelli dissestati.

Nel mondo islamico e fuori di esso, combattere i terroristi e i loro profeti della paura richiederà qualcosa di più che qualche lezione sulla democrazia. Abbiamo bisogno di approfondire la conoscenza delle circostanze e delle convinzioni alla base dell'estremismo. All'interno dell'Islam si sta sviluppando un dibattito decisivo: alcuni credono in un futuro di pace, tolleranza, sviluppo e democratizzazione; altri brandiscono una intolleranza rigida e violenta verso le libertà personali e il mondo intero. Se vuole dare manforte alle forze moderate, l'America deve fare ogni sforzo per esportare opportunità – accesso all'istruzione e alla salute, al commercio e agli investimenti – e garantire quel pieno sostegno ai leader riformatori e alla società civile, metodo che ci consentì di vincere la guerra fredda. Le nostre convinzioni poggiano sulla speranza; quelle degli estremisti sulla paura. Ed è per questo che possiamo – e vogliamo – vincere questa battaglia.

Ricostruire le nostre alleanze

Per rinnovare la leadership americana nel mondo, intendo ricostruire le alleanze, le partnership, le istituzioni necessarie per fronteggiare le minacce comuni e accrescere la comune sicurezza. La riforma di queste alleanze e istituzioni, che è necessaria, non può avvenire imponendo agli altri paesi di ratificare cambiamenti decisi in solitudine da noi: piuttosto, avverrà quando convinceremo gli altri governi e gli altri popoli che anch'essi hanno realmente un ruolo nell'alleanza.

Troppo spesso abbiamo mandato il segnale opposto ai nostri partner internazionali. Nel caso dell'Europa, abbiamo respinto tutte le sue riserve in merito al senso e alla necessità della guerra in Iraq. In Asia, abbiamo snobbato gli sforzi fatti dalla Corea del Sud per migliorare le relazioni con la Corea del Nord. In America Latina, dal Messico all'Argentina, non abbiamo mostrato la dovuta attenzione verso l'emigrazione, l'equità, lo sviluppo economico. In Africa, abbiamo consentito che il genocidio proseguisse per più di quattro anni nel Darfur, e non abbiamo fatto quasi nulla in risposta all'appello dell'Unione africana, che ci chiedeva un maggior sostegno per fermare le stragi. Io voglio ricostruire i nostri legami con gli alleati in Europa e in Asia, e rafforzare le nostre alleanze in Africa e nel continente americano.

Le nostre alleanze richiedono una cooperazione e una revisione costanti, se vogliamo che si mantengano efficaci e incisive. La Nato ha fatto grandi passi in avanti negli ultimi quindici anni, trasformandosi da una struttura di sicurezza pensata per la guerra fredda in un'alleanza per la pace. Ma oggi, la sfida della Nato in Afghanistan ha messo in luce, come ha osservato il senatore Lugar, «la crescente discrepanza tra l'estendersi delle missioni della Nato e le sue sempre più stentate capacità». Per colmare questo divario, voglio chiamare a raccolta i nostri alleati della Nato affinché contribuiscano con un maggior numero di truppe alle operazioni di sicurezza e perché investano di più nelle strutture in grado di garantire ricostruzione e stabilizzazione.

E mentre rafforziamo la Nato, dobbiamo costruire nuove alleanze e partnership in altre regioni vitali. Mentre la Cina cresce e il Giappone e la Corea del Sud si consolidano, intendo lavorare alla costruzione di una più efficace intelaiatura in Asia, che vada oltre gli accordi bilaterali, i summit occasionali e le negoziazioni specifiche, come i vertici a sei a proposito della Corea del Nord. Abbiamo bisogno di una infrastruttura allargata ai paesi dell'Asia orientale, in grado di promuovere stabilità e prosperità, e di far fronte alle minacce trans-nazionali, siano esse le cellule terroristiche nelle Filippine, o l'influenza aviaria in Indonesia. Voglio anche incoraggiare la Cina a svolgere il ruolo responsabile che compete a una potenza in espansione, contribuendo a condurre a soluzione i problemi comuni del XXI secolo. Con la Cina ci troveremo a competere in alcune aree e a cooperare in altre. La nostra sfida essenziale sta nel costruire un rapporto che allarghi la cooperazione mentre rafforza la nostra capacità di competere.

Inoltre, abbiamo bisogno di un'efficace collaborazione sulle più pressanti questioni globali con tutte le più grandi potenze, comprese quelle emergenti quali Brasile, India, Nigeria, Sud Africa. Occorre affidare a ciascuna un ruolo nel mantenimento dell'ordine internazionale. A questo scopo, le Nazioni Unite necessitano di una profonda riforma. Le iniziative dell'ufficio del Segretariato dell'Onu permangono deboli. Le operazioni di peacekeeping si trascinano troppo a lungo. Il nuovo Consiglio dell'Onu per i Diritti umani ha approvato ben otto risoluzioni di condanna di Israele – ma non una che condannasse il genocidio nel Darfur o la violazione dei diritti umani nello Zimbabwe. E tuttavia, nessuno di questi problemi potrà essere risolto se l'America non tornerà a dedicarsi all'Onu e alla ridefinizione del suo ruolo.

Istituzioni rafforzate, alleanze e partnership rinvigorite sono particolarmente essenziali se vogliamo sconfiggere la minaccia epocale che subisce il pianeta per mano dell'uomo: il cambiamento climatico. A meno di interventi radicali, l'innalzamento del livello del mare sommergerà intere regioni costiere del mondo, comprese molte delle sponde orientali. L'aumento della temperatura e la diminuzione della piovosità ridurranno il rendimento dei raccolti, provocando conflitti, carestie, malattie e povertà. Nel 2050 la carestia potrebbe causare la migrazione di oltre 250 milioni di persone in tutto il mondo. Il che significherebbe crescente insicurezza in alcune delle zone più instabili del pianeta.

Essendo il paese che contribuisce in misura maggiore alle emissioni di gas serra nel mondo, l'America ha la responsabilità di fare da guida. Mentre molti dei nostri partner industriali stanno lavorando intensamente per ridurre le loro emissioni, noi stiamo aumentando le nostre a passo costante, più del 10% ogni dieci anni. Da presidente, intendo porre in atto un *cap-and-trade system*, che riduca drasticamente le nostre emissioni di carbonio. E lavorerò per liberare finalmente l'America dalla sua dipendenza dal petrolio estero – adoperando in modo più efficiente il combustibile per le nostre automobili, le nostre fabbriche, le nostre case, sfruttando maggiormente le fonti di energia rinnovabili e accrescendo il potenziale dei bio-combustibili.

Rimettere ordine in casa nostra è solo il primo passo. Presto la Cina rimpiazzerà l'America come primo paese nell'emissione di gas serra. Lo sviluppo dell'energia pulita deve diventare un obiettivo centrale nelle nostre relazioni con i più importanti paesi dell'Europa e dell'Asia. Investirò in tecnologie efficienti e pulite qui in casa nostra e ricorrerò alle nostre politiche di assistenza e di promozione delle esportazioni per aiutare i paesi in via di sviluppo a superare la fase di sviluppo basato sull'uso intensivo di energia a carbone. Abbiamo bisogno di una risposta globale al cambiamento climatico, che includa impegni stringenti e crescenti per ridurre le emissioni, specie per coloro che inquinano di più: Stati Uniti, Cina, Unione Europea, Russia. Si tratta di una sfida impegnativa, che però porterà nuovi benefici anche all'America. Nel 2050, la domanda globale di energia a bassa intensità di carbone potrebbe dar vita a un mercato superiore ai 500 miliardi di dollari all'anno: intercettare questa domanda significherà aprire nuove frontiere per le imprese e i lavoratori americani.

Costruire società giuste, sicure democratiche

Infine, per rinnovare la leadership americana nel mondo, voglio rafforzare la nostra sicurezza comune investendo nella nostra comune umanità. Il nostro impegno globale non può essere definito a partire da ciò cui ci contrapponiamo, deve farsi guidare da un senso chiaro di ciò per cui ci battiamo. Abbiamo un ruolo significativo nel garantire che coloro che oggi vivono nella paura e nel bisogno, domani possano acquisire dignità e opportunità.

La gente, nel mondo, ha percepito un grande ritardo nel cammino della libertà. Tragicamente, molti sono arrivati ad associare tutto questo alla guerra, alla tortura, ai cambiamenti di regime imposti con la forza. Per costruire un mondo migliore, più libero, noi dobbiamo avere in primo luogo modelli di comportamento che rispecchino la dignità e le aspirazioni del popolo americano. Il che comporta smettere di portare i prigionieri oltremare nel cuore della notte per farli torturare in paesi lontani, smettere di imprigionare migliaia di persone senza capi d'accusa né processi, e smantellare un apparato di prigioni segrete in cui segregare la gente al di là di ogni vincolo di legge.

Dovunque, i cittadini dovrebbero poter scegliere i propri governanti in un clima libero dalla paura. L'America si deve impegnare a rafforzare le fondamenta di una società giusta. Noi possiamo contribuire alla costruzione di istituzioni in grado di offrire servizi e opportunità; legislazioni forti, magistrature indipendenti, forze di polizia oneste, mezzi di comunicazione liberi, società civili vitali. Nei paesi afflitti dalla povertà e dai conflitti, i cittadini agognano di affrancarsi dal bisogno. E poiché le società estremamente povere e gli Stati deboli costituiscono un ottimo terreno di coltura per le malattie, il terrorismo e la guerra, gli Stati Uniti hanno un interesse diretto, in termini di sicurezza nazionale, nel ridurre drasticamente la povertà globale, e dunque nel destinare – assieme ai nostri alleati – quote sempre maggiori delle nostre ricchezze nazionali all'aiuto dei popoli che ne hanno maggior bisogno. Dobbiamo investire nella costituzione di Stati affidabili e democratici, che possano dar vita a comunità sane e istruite, sviluppare mercati e generare ricchezza. Simili Stati avrebbero anche maggiori capacità istituzionali per combattere il terrorismo, fermare il proliferare di armi letali e costruire infrastrutture sanitarie capaci di prevenire, scoprire e curare malattie mortali come Hiv/Aids, malaria, influenza aviaria.

Come presidente, raddoppierò il nostro investimento annuo per affrontare queste sfide, portandolo a 50 miliardi di dollari nel 2012, e garantendo che queste nuove risorse siano impiegate in obiettivi utili. Negli ultimi vent'anni, i finanziamenti Usa per il sostegno estero a stento hanno tenuto il passo con l'inflazione. È nell'interesse della nostra sicurezza nazionale fare di più. Se l'America aiuta gli altri a costruire società più giuste e sicure, il nostro commercio cresce, il nostro debito diminuisce, e gli aiuti internazionali non diventano assegni in bianco. Affiancherò al nostro sostegno una pressante richiesta di riforme, per combattere la corruzione che corrode le società e i governi. Farò tutto questo con lo spirito non del padrone, ma di un partner, un partner consapevole dei suoi stessi difetti.

I nostri programmi internazionali contro l'Aids, con la loro rapida crescita, hanno dimostrato che il rafforzamento del sostegno internazionale può fare una effettiva differenza. Come parte integrante di questi finanziamenti, capitalizzerò con 2 miliardi di dollari un Fondo Globale per l'Istruzione che porti il mondo intero a eliminare il deficit globale di istruzione, proprio come proposto dalla Commissione dell'11 settembre. Non possiamo sperare di plasmare un mondo in cui le opportunità sopravanzino i rischi, senza assicurare che a ciascun bambino, in qualunque posto del mondo, si insegni a costruire e non a distruggere.

Vi sono impellenti ragioni morali e impellenti ragioni di sicurezza per una rinnovata leadership americana, che riconosca l'intrinseca eguaglianza e dignità di tutte le persone. Come disse il presidente Kennedy nel suo discorso d'esordio del 1961: «A coloro che nei villaggi e nelle capanne di mezzo mondo combattono per spezzare le catene della miseria di massa, offriamo il massimo sforzo per aiutarli ad aiutarsi, per tutto il tempo che sarà necessario: non perché potrebbero farlo i comunisti, non perché cerchiamo i loro voti, ma perché è giusto. Se una società libera non sa aiutare i molti che sono poveri, non potrà salvare i pochi che sono ricchi». Mostrerò al mondo che l'America rimane fedele ai suoi valori di fondo. Noi facciamo da guida non solo per noi stessi ma anche per il bene comune.

Ripristinare la fiducia nell'America

Contro Hitler, Roosevelt disse che la nostra potenza si sarebbe «rivolta verso il bene supremo e contro il male più immediato. Noi americani siamo costruttori, non distruttori». È venuto il tempo di un presidente capace di costruire il consenso qui, in casa nostra, con un obiettivo altrettanto ambizioso.

Perché, in definitiva, nessuna politica estera può avere successo se il popolo americano non la capisce e non si sente parte di quel successo, a meno che esso non confidi nel fatto che quel governo dà comunque ascolto alle sue preoccupazioni. Noi non riusciremo ad accrescere gli aiuti all'estero se non investiremo in sicurezza e opportunità per il nostro popolo. Non potremo negoziare accordi commerciali che siano di sprone allo sviluppo nei paesi poveri finché non forniremo un qualche significativo aiuto agli americani che lavorano sotto il peso delle delocalizzazioni di una economia globale. Non potremo ridurre la nostra dipendenza dal petrolio estero né sconfiggere il riscaldamento globale, se gli americani non saranno disposti all'innovazione e al risparmio. Non potremo aspettarci il consenso degli americani alla scelta di esporre i nostri uomini e le nostre donne al rischio di combattere, se non dimostreremo di usare la forza in modo saggio e assennato. Ma se il prossimo presidente riuscirà a ripristinare la fiducia degli americani – se essi sapranno che lui o lei agirà avendo sempre a cuore i loro interessi più profondi, con prudenza e saggezza e una certa umiltà – allora io credo che il popolo americano sarà entusiasta di vedere l'America di nuovo alla guida del mondo.

Credo che concorderanno anche sul fatto che è tempo che una nuova generazione racconti la prossima grande storia americana. Se agiremo con audacia e oculatezza, saremo in grado di raccontare ai nostri nipoti che è stato questo il tempo in cui abbiamo contribuito a costruire la pace in Medio Oriente. Che è stato questo il tempo in cui abbiamo combattuto il cambiamento climatico, e abbiamo messo al sicuro le armi che avrebbero potuto distruggere l'intera razza umana. Che è stato questo il tempo in cui abbiamo sconfitto il terrorismo globale e in cui abbiamo portato nuove opportunità negli angoli più sperduti della terra. E che è stato questo il tempo in cui abbiamo rinnovato quell'America che aveva consentito a generazioni di viaggiatori affaticati, provenienti da ogni parte del mondo, di trovare opportunità, libertà e speranza sulla soglia di casa nostra.

Non è molto lontano il tempo in cui gli agricoltori del Venezuela e dell'Indonesia accoglievano i medici americani nei loro villaggi e appendevano le fotografie di John F. Kennedy alle pareti del loro soggiorno; il tempo in cui milioni di persone, come mio padre, aspettavano giorno dopo giorno una lettera nella cassetta della posta che accordasse loro il privilegio di venire in America a studiare, vivere, o essere semplicemente liberi.

Noi possiamo essere di nuovo questa America. È il nostro momento, se vogliamo rinnovare la fiducia e la fede del nostro popolo – e di tutta le gente – in una America che sconfigga i mali presenti, promuova il bene supremo e guidi ancora una volta il mondo.

Un voto sulla politica estera*

Dicembre 2007

Questo è un momento decisivo della nostra storia. La nostra sicurezza è minacciata. Il nostro paese è in guerra. Il nostro pianeta è in pericolo. Sono in gioco la forza, la posizione e la leadership del mondo per cui tante generazioni di americani hanno lottato e lavorato. Ovunque vada mi viene chiesto quali siano i cambiamenti necessari da apportare in politica estera. Voi capite che in un mondo di terroristi senza patria e di tecnologie dilaganti, la nostra stessa sicurezza e prosperità dipende da ciò che accade nel mondo. Voi volete essere orgogliosi di ciò per cui l'America si batte, e sapete che l'America è più forte – e più sicura – quando la nostra politica riflette i nostri valori fondamentali.

In un recente dibattito qui a Des Moines, mi è stato chiesto come io intenda cambiare la politica estera: la risposta è semplice. Ci sono momenti nella storia in cui non basta attenersi alla consuetudine nel modo di fare le cose, perché le minacce da fronteggiare sono inconsuete. Ci sono momenti in cui siamo chiamati a difendere ciò che è giusto anche se è impopolare, perché è questo che ci rende più forti e più sicuri. Ci sono momenti in cui nuove sfide richiedono una nuova leadership. Questo è uno di quei

* Discorso tenuto il 18 dicembre 2007 a Des Moines, Iowa, durante le primarie.

momenti. Io mi sono candidato alla presidenza proprio per offrire questa leadership, e do il benvenuto a quanti, con il loro sostegno, vorranno contribuire a tracciare questa rotta. Sono in corsa per fare qualcosa di più che mettere fine a una guerra in Iraq, sono in corsa per cambiare l'ottica che ci ha portati alla guerra. È facile per noi imputare a George Bush tutti i problemi del mondo. Certo, i suoi giudizi saranno sottoposti alla luce impietosa della storia, e il verdetto non sarà benevolo. Ma la domanda è: che cosa succede dopo? Perché a noi spetta anche cambiare una consuetudine in politica estera che dà più importanza al tempo trascorso a Washington che alla capacità di dare giudizi tempestivi; più importanza alle apparenze che alla sostanza; più importanza alla paura di apparire deboli che alla convinzione di fare la cosa giusta.

Qui vi chiedo solo di considerare la mia esperienza personale. George Bush non ci ha trascinati in guerra da solo. Il Congresso gli ha conferito l'autorità necessaria quando ha votato una Risoluzione intitolata semplicemente: «Risoluzione che autorizza l'impiego delle Forze Armate degli Stati Uniti contro l'Iraq». Io mi sono opposto alla guerra, e l'ho detto pubblicamente nel 2002 quando era politicamente impopolare. Ho detto che prima occorreva portare a termine l'opera in Afghanistan, e che invadere e occupare un paese che non aveva nulla a che vedere con l'11 settembre era il modo sbagliato per rispondere alla sfida del tutto inconsueta lanciata da al Qaeda e dall'estremismo islamico. Oggi vediamo gli esiti disastrosi della decisione di andare in guerra. Eppure, non stiamo ancora dimostrando di aver imparato la lezione. Sull'Iraq ci sentiamo dire che la nostra ultima iniziativa militare sta riuscendo. Voglio dirlo con chiarezza: questa iniziativa non è la soluzione ai problemi dell'Iraq perché non fissa sul terreno politico i paletti che costituivano l'obiettivo dichiarato dell'incremento delle nostre truppe. Non si può mettere fine a una guerra civile senza che le parti in conflitto ricompongano le loro divergenze, e solo il ritiro dal campo delle nostre truppe metterà sugli iracheni la pressione necessaria per indurli a farlo. E invece la nostra ultima iniziativa militare continua a convogliare le nostre risorse sulla guerra sbagliata.

A sei anni dalla scelta di distogliere lo sguardo dall'Afghanistan – luogo d'origine degli attacchi dell'11 settembre – non ci sono ancora chiare le nostre priorità. Ecco perché è tempo di smettere di finanziare una politica fallimentare, di portar via le nostre truppe dall'Iraq, e di accrescere il nostro impegno militare, politico ed economico in Afghanistan. È quel che ho invocato pubblicamente nel 2002, che sostengo in questa campagna elettorale, e che farò da presidente. Sull'Iran, c'è una consuetudine che porta a premiare l'arroganza a danno del buonsenso. All'inizio di quest'anno, mentre io venivo attaccato per aver proposto un'azione diplomatica diretta con i leader iraniani, altri facevano la voce grossa e votavano un emendamento con cui chiedevano che George Bush impiegasse le nostre truppe di stanza in Iraq per contrastare l'Iran. Poi abbiamo appreso da un Rapporto del nostro National Intelligence Estimate che l'Iran aveva sospeso il programma sulle armi nucleari nel 2003 in seguito alle pressioni internazionali. Non bisogna equivocare: l'Iran continua a rappresentare una minaccia per il suo appoggio al terrorismo, per le capacità acquisite sul nucleare e per le intimidazioni a Israele. Ma la risposta non è lo sferragliare di spade di George Bush, è l'iniziativa diplomatica che ho proposto quando era politicamente rischioso. Da presidente, metterò personalmente l'Iran di fronte a una scelta: porre fine al suo comportamento rischioso e trarne vantaggi politici ed economici, o continuare così e affrontare un isolamento ancora peggiore dell'attuale.

Abbiamo bisogno di un presidente disposto a parlare con tutti i paesi, amici e avversari. Interrompere il dialogo non ci fa sembrare più duri, ma solo arroganti. Ci rende le cose ancora più difficili quando si tratta di ottenere il sostegno internazionale per esercitare pressione su paesi come l'Iran, e apre le porte alla Cina e alla Russia, che possono così colmare il vuoto lasciato dall'assenza della leadership americana. Dobbiamo smetterla di dare agli altri paesi l'alibi che l'America non vuol sedersi attorno al tavolo. Noi dobbiamo guidare, e questo è quel che intendo fare. Quando eleggerete il prossimo presidente, dovrete scegliere qualcuno che sia in grado di dare giudizi duri su Iraq, Iran, e su come ripristinare il ruolo dell'America.

Sappiamo cosa dobbiamo aspettarci dal candidato repubblicano: più politica estera alla Bush-Cheney, più sostegno alla guerra senza fine in Iraq, più sferragliare di spade rispetto all'Iran, più avversione al dialogo con i paesi che non ci piacciono, più eccezioni e alibi per la tortura. All'inizio di quest'anno hanno fatto persino un dibattito per discutere di quanto ancora ingrandire il campo di Guantanamo.

Quando sarò il candidato dei democratici, proporrò una scelta chiara. Il mio avversario non potrà mai dire che ho sostenuto la guerra all'Iraq, o che non abbia proposto un calendario chiaro per il ritiro delle nostre truppe. Non potrà mai dire che ho votato a favore dell'impiego delle truppe oggi in Iraq per contrastare l'Iran, o che ho sostenuto la diplomazia di Bush-Cheney contraria al dialogo con i paesi che non ci piacciono. E non potrà mai dire che ho tentennato di fronte a una questione fondamentale: se sia giusto o meno che l'America ricorra alla tortura, perché la tortura non è mai giusta. Tutto ciò non vuol dire delineare contrapposizioni, ma semmai un cambiamento della nostra politica estera che risulti credibile.

E allora, quando vi chiederete per chi votare, vi invito a considerare il mio giudizio e la mia visione sulla nuova leadership americana. Una leadership che in sedici mesi porti via dall'Iraq le nostre brigate da combattimento, che rinnovi la diplomazia americana, che completi le operazioni in Afghanistan, chiuda Guantanamo, e guidi il mondo contro le comuni minacce del XXI secolo: armi nucleari e terrorismo; cambiamenti climatici e povertà, genocidio e malattie. Una leadership capace di mandare a quei volti ansiosi al di là degli oceani un messaggio che dica loro: «Siete importanti per noi. Il vostro futuro è il nostro futuro. Il nostro momento è arrivato».

La mia è una visione forgiata in tre anni di attività nella Commissione esteri del Senato, dove ho lavorato con Dick Lugar, repubblicano, per mantenere fuori dalla portata dei terroristi le armi più pericolose al mondo, e dove ho presentato risoluzioni per fermare la guerra in Iraq e il genocidio in Darfur. È una visione forgiata in tre anni di attività nella Commissione del Senato per i veterani di guerra, dove ho toccato con mano i sacrifici di quanti sopportano il fardello della guerra, e mi sono battuto per garantire loro l'attenzione, i benefici e il rispetto che si sono guadagnati sul campo.

È una visione segnata dai viaggi ufficiali oltreoceano in Africa, in Medio Oriente e nell'ex Unione Sovietica, dove ho toccato con mano le minacce del tutto inconsuete di una città terrorizzata e il terribile pericolo di una fiala di antrace incustodita; ma dove ho anche colto l'ansia nei visi di chi ha bisogno di un'America che parli alle loro speranze, non solo alle loro paure. È una visione segnata dalla mia opposizione alla guerra in Iraq.

Ed è una visione segnata da un'esperienza di vita in un mondo più ampio, oltre le mura del potere; dall'aver giocato a piedi nudi in Indonesia con bambini che non potevano avere i miei stessi sogni perché non erano americani; dall'avere una nonna che vive in Kenya senza elettricità né acqua corrente; e dall'essere figlio di un padre che si è mosso da una terra lontana in cerca della luce della speranza emanata da un sogno chiamato America.

È questa l'esperienza che porterò alla presidenza. Non quella mentalità improntata alla paura che è stata indotta a partire dall'11 settembre: paura di apparire deboli, paura delle nuove sfide, paura di quel che non conosciamo. Ma piuttosto la speranza che questo momento di sfida possa diventare l'alba di nuove opportunità, e la determinazione a cogliere queste opportunità, a recuperare la nostra forza, a superare le nuove minacce, a ottenere tutto il possibile.

Per far ciò, dobbiamo coinvolgere nella discussione il popolo americano, e fare ancora una volta della politica estera un elemento che ci unisca, non un cuneo che ci divida.

Una risposta diversa all'11 settembre*

Agosto 2007

Grazie alla Commissione parlamentare di inchiesta sull'11 settembre, sappiamo che sei anni fa il presidente Bush ricevette un rapporto dal titolo: «Bin Laden deciso a colpire negli Usa». Ciò avvenne durante quella che la Commissione ha definito «l'estate della minaccia», quando in merito a un imminente attacco «l'allarme era rosso». Ma nonostante il rapporto, molti pensarono che il pericolo fosse oltremare, che si trattasse di una minaccia ad ambasciate o a installazioni militari. Che l'estremismo, il rancore, i campi di addestramento dei terroristi e gli assassini fossero in qualche angolo sperduto del mondo, lontani dal suolo americano.

Invece, una splendida mattina di un martedì pieno di sole, erano qui. Io andavo in macchina a un incontro politico nel centro di Chicago, quando sentii la notizia alla radio: un aereo aveva colpito il World Trade Center. Nel tempo che impiegai per raggiungere la mia riunione, anche il secondo aereo aveva colpito le Torri, e ci fu detto di evacuare l'edificio. La gente si precipitò in strada e tutti si misero a guardare il cielo, e la Sears Tower, divenuta da luogo di lavoro un possibile obiettivo. Temevamo per le no-

* Discorso al W. Wilson International Center di Washington, il 1° agosto 2007.

stre famiglie e per il nostro paese. Piangevamo la terribile perdita inflitta ai nostri concittadini. Rientrato in ufficio, guardai le immagini che venivano da New York: un aereo che svaniva nel vetro e nell'acciaio; uomini e donne aggrappati ai davanzali, che poi si lasciavano cadere; le altissime torri che si sbriciolavano in polvere. Sembrava che tutta la miseria e tutto il male del mondo fossero in quella roboante nuvola nera, che oscurava il sole di settembre.

Ciò che vedemmo quella mattina ci costrinse a riconoscere che in questo nuovo mondo di minacce non siamo più protetti dalla nostra stessa potenza. E ciò che vedemmo quella mattina fu una sfida a una nuova generazione. La storia dell'America è una storia di tragedie trasformate in trionfi: è così che una guerra di secessione divenne un'opportunità per liberare i prigionieri, che un attacco a Pearl Harbour sollevò un'ondata di libertà che si estese dall'Atlantico al Pacifico, che una cortina di ferro fu punta e sgonfiata dai valori democratici, da nuove istituzioni interne, e forti alleanze internazionali all'estero.

Dopo l'11 settembre, il nostro compito era di scrivere un nuovo capitolo della storia americana, di individuare nuove strategie e costruire nuove alleanze, di mettere al sicuro la nostra patria e salvaguardare i nostri valori, e di servire una causa giusta fuori dai nostri confini. Eravamo pronti. Gli americani erano uniti. I nostri amici in ogni parte del mondo si stringevano attorno a noi. Avevamo la forza e il convincimento morale ereditati da generazioni di americani. L'onda della storia sembrava sul punto di volgere, di nuovo, verso la speranza. Ma poi tutto è cambiato. Non abbiamo portato a termine il lavoro contro al Qaeda in Afghanistan, non abbiamo sviluppato capacità nuove in grado di sconfiggere un nemico nuovo, non abbiamo lanciato una strategia complessiva in grado di bonificare le basi che foraggiano i terroristi. Non abbiamo riaffermato i nostri valori essenziali, né messo al sicuro la nostra patria. Al contrario, ci siamo ritrovati con una politica della paura, codificata dai colori. Il patriottismo come patrimonio di un solo partito politico. La diplomazia come rifiuto di parlare agli altri paesi. Una rigida ideologia da XX secolo che ha insistito sulla convinzione che il terrorismo senza Stato del XXI secolo potesse essere sconfitto attraverso l'invasione e l'occupazione di uno Stato. Una strategia deliberata di travisare l'11 settembre, per poter vendere una guerra contro un paese che nulla aveva a che fare con l'11 settembre.

E così, poco dopo un anno da quel limpido giorno di settembre, ero di nuovo per le strade di Chicago, questa volta per parlare in una manifestazione contro la guerra all'Iraq. Dissi che non mi opponevo a tutte le guerre. Ero un convinto sostenitore della guerra in Afghanistan. Ma dissi che non potevo sostenere «una guerra stupida, una guerra avventata» in Iraq. Mi preoccupava una «occupazione americana a tempo indeterminato, dai costi e dalle conseguenze indeterminati», nel cuore del mondo musulmano. Chiedevo con forza che portassimo piuttosto «a termine la lotta contro Bin Laden e al Qaeda».

I venti politici spiravano in un'altra direzione. Il presidente era deciso ad andare in guerra. C'era solo un ostacolo: il Congresso americano. Nove giorni dopo il mio discorso, quell'ostacolo fu rimosso. Il Congresso appose il suo timbro alla corsa alla guerra, dando al presidente la più ampia e incondizionata autorità di cui gode tuttora. Con quel voto, il Congresso divenne corresponsabile di una guerra catastrofica. E noi siamo partiti per combattere sul campo di battaglia sbagliato, senza alcuna valutazione di quanti nemici ci saremmo fatti, e nessun piano di rientro. Grazie a una guerra in Iraq che non avrebbe mai dovuto essere autorizzata né sferrata, noi siamo oggi meno sicuri di quanto non fossimo l'11 settembre.

Secondo le stime dei servizi di sicurezza, la minaccia di al Qaeda entro i nostri confini è «persistente e in evoluzione». L'Iraq è un campo di addestramento per il terrore, lacerato dalla guerra civile. L'Afghanistan è in preda alla violenza più di quanto non lo sia mai stato dal 2001 a questa parte. Al Qaeda ha un santuario in Pakistan. Israele è assediato da nemici ringalluzziti che invocano apertamente la sua distruzione. L'Iran sta ora lanciando in Medio Oriente la più ampia sfida strategica agli Stati Uniti dell'ultima generazione. Gruppi affiliati ad al Qaeda o da essa ispirati operano in tutto il mondo. A sei anni dall'11 settembre, siamo di nuovo nel pieno di una «estate della minaccia», con Bin Laden e molti più terroristi decisi a colpire negli Stati Uniti. E quel che è più grave, nelle buie stanze di Abu Ghraib e nelle celle di Guantanamo, abbiamo compromesso i nostri più preziosi valori. Quello che avrebbe potuto essere un appello a una generazione è diventato un alibi per un potere presidenziale fuori controllo. Una tragedia che ci aveva uniti è stata trasformata in una istanza politica da utilizzare come un cuneo per dividerci.

È tempo di voltare pagina. È tempo di scrivere un nuovo capitolo della nostra risposta all'11 settembre. Il nostro presidente offre un'immagine distorta dei nostri nemici, ma ciò non significa che non ne abbiamo. I terroristi sono in guerra contro di noi. La minaccia viene da estremisti violenti che sono una piccola minoranza rispetto al miliardo e trecento milioni di musulmani del mondo, ma la minaccia è reale. Essi travisano l'Islam. Uccidono uomini, donne e bambini; cristiani e indu, ebrei e mussulmani. Cercano di dar vita a un califfato repressivo. Per sconfiggere questo nemico, dobbiamo capire contro chi combattiamo, e per cosa combattiamo. Il presidente vorrebbe farci credere che ogni bomba che esplode a Baghdad rientra nella guerra di al Qaeda contro di noi, e non nella guerra civile irachena. Egli enfatizza la presenza di al Qaeda in Iraq, che non esisteva prima della nostra invasione, e non si cura di quelli che ci hanno colpito l'11 settembre, che intanto fanno nuove reclute in Pakistan. Il presidente non fa distinzione fra soggetti che hanno obiettivi differenti: al Qaeda e l'Iran, le milizie sciite e i ribelli sunniti. Egli confonde la nostra missione.

Col suo rifiuto di mettere fine alla guerra in Iraq, il presidente Bush sta dando ai terroristi quel che essi vogliono, e quel che il Congresso ha votato per dare loro nel 2002: un'occupazione Usa a tempo indeterminato, dai costi e dalle conseguenze indeterminati.

È tempo di voltare pagina. Quando sarò presidente, sferreremo la guerra che deve essere vinta, con una strategia complessiva in cinque punti: fuoriuscita dall'Iraq e trasferimento sul vero campo di battaglia in Afghanistan e in Pakistan; sviluppo delle capacità e delle alleanze di cui abbiamo bisogno per snidare i terroristi e le armi più letali del mondo; spingere il mondo a bonificare le basi di supporto al terrore e all'estremismo; rimettere in campo i nostri valori; e rendere più sicuro il nostro territorio nazionale.

Il primo passo dev'essere lasciare il campo di battaglia sbagliato in Iraq, e intraprendere la lotta ai terroristi in Afghanistan e in Pakistan. In Iraq non c'è alcuna soluzione militare. Solo i leader iracheni possono sedare i rancori che sono il cuore della guerra civile. Noi dobbiamo esercitare una pressione su di loro affinché lo facciano, e la migliore leva che abbiamo è la riduzione della presenza delle nostre truppe. Dobbiamo anche compiere un duro e intenso lavoro diplomatico per la pace e la stabilità in tutta l'area. Mettere fine alla guerra aiuterà a isolare al Qaeda e a dare agli iracheni l'incentivo e l'opportunità di liberarsene. Consentirà anche a noi di spostare in Afghanistan risorse indispensabili. Le nostre truppe hanno combattuto valorosamente laggiù, ma l'Iraq le ha private del sostegno di cui avevano bisogno, e che avevano meritato. Di conseguenza, intere zone dell'Afghanistan stanno finendo nelle mani dei talebani, e un misto di terrorismo, droga e corruzione minaccia di travolgere il paese. Da presidente, dispiegherò in Afghanistan almeno due brigate aggiuntive per rafforzare le nostre operazioni anti-terroristiche e sostenere gli sforzi della Nato contro i talebani. Via via che aumenteremo il nostro impegno, i nostri amici europei dovranno fare altrettanto, e senza il fardello delle restrizioni che hanno intralciato gli sforzi della Nato. Con gli afghani dobbiamo anche ricorrere a ben più che una collaborazione di facciata, migliorando l'addestramento e l'equipaggiamento dell'esercito e della polizia afghana, e coinvolgendo i soldati afghani nelle operazioni degli Usa e della Nato.

In ogni caso, non dobbiamo ripetere gli errori compiuti in Iraq. La soluzione in Afghanistan non è solo militare – è politica ed economica. Da presidente, aumenterò di un miliardo di dollari il nostro sostegno. Queste risorse dovranno finanziare progetti a livello locale con impatto diretto sulla popolazione, compreso lo sviluppo di mezzi di sussistenza alternativi per i coltivatori di oppio. E dovremo richiedere al governo afghano un'azione più efficace, sostenendolo con severe misure anti-corruzione per la salvaguardia degli aiuti, e con un crescente appoggio internazionale per favorire l'applicazione della legge in tutto il paese. Ma più di ogni altra cosa, manderò un messaggio chiaro: noi non rifaremo gli errori del passato, come quando abbiamo voltato le spalle all'Afghanistan dopo il ritiro sovietico. Come ha dimostrato l'11 settembre, la sicurezza dell'Afghanistan e dell'America viaggiano di pari passo. E oggi, questa sicurezza è minacciata soprattutto da al Qaeda e dal santuario dei talebani nelle regioni tribali nel nord-ovest del Pakistan.

È questa la frontiera selvaggia del nostro mondo globalizzato. Ci sono deserti spazzati dal vento e montagne disseminate di caverne. Ci sono tribù che considerano i confini niente più che linee tracciate su una mappa, e i governi come forze che vanno e vengono. Ci sono vincoli di sangue più stretti di alleanze di convenienza, e sacche di estremismo che seguono la religione fino alla violenza. È un posto duro. Da presidente, porrò delle condizioni alle centinaia di milioni di dollari di aiuti militari offerti al Pakistan, e le renderò esplicite: il Pakistan deve compiere passi concreti nella chiusura dei campi di addestramento, deve estirpare i combattenti stranieri e impedire ai talebani di utilizzare il Pakistan come base per gli attacchi in Afghanistan.

Oltre al Pakistan, c'è un nucleo duro di terroristi – probabilmente nell'ordine delle decine di migliaia – che ha scelto di colpire l'America. Così il secondo passo della mia strategia sarà di costruire le competenze e le alleanze necessarie per snidare, catturare o uccidere i terroristi in tutto il mondo, e per sottrarre loro le armi più pericolose. Per riuscirci dobbiamo rafforzare le capacità dei nostri civili. Il miglior esercito del mondo si sta adeguando alle sfide del XXI secolo: ma non può contrastare le minacce dei ribelli e dei terroristi senza un sostegno complementare da parte dei civili, che possono realizzare missioni di ricostruzione economica e politica, talvolta in luoghi pericolosi. Da presidente, rafforzerò queste capacità dei civili, reclutando i migliori e i più dotati per affrontare la sfida. Incrementerò anche il numero e le capacità dei nostri diplomatici, degli esperti nelle politiche di sviluppo e di altri civili che possano lavorare a fianco ai nostri militari. Non possiamo limitarci a dire che non c'è soluzione militare a questi problemi. Dobbiamo integrare ogni elemento della potenza americana. Una componente di questo approccio integrato saranno nuove Squadre Mobili per lo Sviluppo che mettano insieme esperti del Dipartimento di Stato, del Pentagono e dell'Usaid[1]. Queste squadre lavoreranno insieme alla società civile e ai governi locali per produrre un impatto immediato sulla vita della gente e determinare una svolta contro l'estremismo. Là dove la gente è più vulnerabile, dove la luce della speranza si va spegnendo, e dove siamo nella condizione di fare davvero la differenza nel promuovere la sicurezza e le opportunità, è là che andranno queste squadre.

Rafforzerò anche i nostri servizi di intelligence. Si tratta di fare qualcosa di più che una riforma organizzativa: ci serve una conduzione che costringa le nostre agenzie a condividere le informazioni e che non distorca mai i fatti per le esigenze di politiche sbagliate[2]. Ma dobbiamo anche

[1] È l'Agenzia statunitense per gli aiuti allo sviluppo che gestisce, su base bilaterale, tutti gli aiuti agli altri paesi da parte del governo americano.

[2] È un chiaro riferimento ai ripetuti e provati interventi del vicepresidente Cheney sulla Cia, nei mesi precedenti la guerra in Iraq, perché confermasse i sospetti sugli armamenti in mano a Saddam Hussein, al di là degli elementi certi di cui disponeva.

costruirci le competenze per migliorare la raccolta e l'analisi delle informazioni, e per effettuare operazioni in grado di scardinare le trame e spezzare le reti terroristiche. Questa non può essere una missione solo americana. Al Qaeda e i suoi affiliati agiscono in quasi cento paesi. Gli Stati Uniti non possono carpire ogni segreto, infiltrare ogni cellula, intervenire su ogni soffiata, o scovare ogni terrorista, e non dovremo fare tutto da soli. Non è in gioco solo la nostra sicurezza, ma quella del mondo intero. Da presidente, avvierò un Programma per la partnership sulla Sicurezza condivisa che crei una struttura di supporto all'intelligence e alla legislazione internazionale al fine di intercettare le reti terroristiche. Questo programma finanzierà con 5 miliardi di dollari in tre anni la cooperazione anti-terrorismo tra i paesi di tutto il mondo, e la circolazione delle informazioni, la formazione, le operazioni, la sicurezza dei confini, i programmi anti-corruzione, la tecnologia e l'individuazione delle risorse finanziarie destinate al terrorismo. E questo sforzo si concentrerà sul sostegno ai nostri alleati affinché possano prevalere senza ricorrere a tattiche repressive, perché la brutalità alimenta il terrore, non lo sconfigge.

Dobbiamo anche fare di più per mettere al sicuro le armi più pericolose del mondo. Sappiamo che al Qaeda è alla ricerca di un'arma nucleare. Sappiamo che non esiterebbe a usarla. E tuttavia, negli stabilimenti nucleari per l'uso civile di oltre quaranta paesi, ci sono ancora circa 50 tonnellate di uranio arricchito, in parte mal controllate. Ci sono ancora circa quindici o sedicimila, tra armi nucleari e scorte di uranio e plutonio, sparse nel raggio di 11 fusi orari sul territorio dell'ex Unione Sovietica. Ecco perché, da presidente, condurrò uno sforzo globale per mettere al sicuro entro quattro anni tutte le armi e il materiale nucleare attualmente in sedi vulnerabili. Mentre operiamo per mettere in sicurezza le scorte, dovremo anche negoziare un bando globale e certificabile della produzione di nuovo materiale destinato alla produzione di armi nucleari. E io non esiterò a ricorrere alla forza della diplomazia americana per impedire ai paesi di procurarsi queste armi o di sponsorizzare il terrore. La lezione degli anni di Bush è che l'assenza di dialogo non paga. Basta scorrere l'elenco dei paesi che abbiamo ignorato, per constatare il successo di questa strategia. Non abbiamo dialogato con l'Iran, e loro proseguono con il programma nucleare. Non abbiamo dialogato con la Siria, e loro continuano a sostenere il terrorismo. Non abbiamo tentato il dialogo con la Corea del Nord, e adesso loro hanno materiale a sufficienza per costruire sei, otto armi nucleari in più. Il presidente Kennedy lo diceva nel modo migliore, citando il presidente Franklin Roosevelt: «Non dobbiamo mai negoziare per paura, ma non dobbiamo mai aver paura di negoziare». Solo conoscendo i tuoi avversari puoi sconfiggerli o insinuare dei cunei in mezzo a loro. Da presidente, lavorerò insieme ai nostri amici e alleati, ma senza mai delegare agli europei l'azione diplomatica con Teheran, o ai cinesi quella con Pyongyang. Preparerò a dovere il terreno, e farò in modo che questi paesi sappiano da che parte sta l'America, per cui non potranno più avere l'alibi dell'intransigenza americana. Ma conosceranno le nostre condizioni: nessun sostegno al terrore e no alle armi nucleari.

Però l'America deve essere pronta a fare ben di più che scovare i terroristi e mettere sotto chiave le armi; altrimenti spunteranno sempre nuovi terroristi pronti a prendere il posto di quelli che cattureremo o uccideremo. Ecco perché il terzo passo della mia strategia sarà di bonificare il bacino sempre più ampio che alimenta l'estremismo. Quando viaggi nei luoghi problematici del mondo in veste di senatore degli Stati Uniti, la gran parte di ciò che vedi è da un elicottero. Così ti sporgi fuori, col rombo dell'elica nelle orecchie, e magari accanto un mitragliere, e vedi il campo di rifugiati del Darfur, l'esodo vicino a Gibuti, il posto di blocco bombardato a Baghdad. Vedi migliaia di facce disperate. Sappiamo dov'è che prosperano gli estremisti. Nelle zone di conflitto, dove ci sono incubatori di rancore e di anarchia. Negli Stati deboli, che non riescono a controllare i loro confini o territori, né a soddisfare i bisogni basilari dei loro popoli. Dall'Africa all'Asia centrale alle coste del Pacifico, ci sono quasi sessanta paesi sull'orlo del conflitto o del collasso. Gli estremisti, sui loro siti internet pieni di odio, incoraggiano lo sfruttamento di questi luoghi senza speranza. E sappiamo cosa dicono di noi, gli estremisti: che l'America è solo un esercito di occupazione nei territori musulmani, l'ombra di una figura incappucciata accanto a una cella ad Abu Ghraib, la potenza dietro il trono di un dittatore. Loro dicono che siamo in guerra contro l'Islam. È questo il ritornello sussurrato dall'estremista che in questa battaglia delle idee non sa fare altro che dare la colpa all'America, al progresso, agli ebrei. E spesso insieme all'odio ha qualcos'altro da offrirti: una sensazione di potenza, o magari la formazione in un madrassa, un sussidio alla tua famiglia, qualche servizio di base nel tuo quartiere. E poi: una missione e un'arma.

Noi sappiamo di non essere quel che dicono loro. L'America è in guerra con dei terroristi che hanno ucciso in casa nostra, non siamo in guerra contro l'Islam. L'America è una nazione compassionevole che vuole un futuro migliore per tutti i popoli. La grande maggioranza del miliardo e trecento milioni di musulmani del mondo non sa che farsene di Bin Laden o delle sue idee fallimentari. Ma troppo spesso dall'11 settembre, sono stati gli estremisti a definire noi, non il contrario. Quando sarò presidente, le cose cambieranno. Saremo noi a firmare la nostra storia.

Abbiamo bisogno di difendere la democrazia. E io lo farò. Ma la democrazia è molto più che un'urna elettorale. L'America deve dimostrare, con gli atti e le parole, che sta dalla parte di chi ricerca una vita migliore. Da presidente, un punto centrale della mia politica estera sarà respingere l'ondata di sfiducia che alimenta l'odio. Libertà dovrà significare libertà dalla paura, non libertà dell'anarchia. Io non scrollerò mai le spalle dicendo, come ha fatto il segretario Rumsfeld, «la libertà è disordine». Concentrerò il nostro sostegno nell'aiuto alle nazioni per costruire apparati giudiziari indipendenti, forze dell'ordine oneste e sistemi finanziari che siano trasparenti e affidabili. Libertà dovrà anche significare libertà dal bisogno, non libertà incondizionata per uno stomaco vuoto. Farò, quindi, della lotta alla povertà un punto cardine del sostegno alle nazioni per contrastare l'anarchia. Raddoppierò gli investimenti annuali per finanziare questi sforzi fino a 50 miliardi di dollari entro il 2012. E sosterrò un Fondo per l'Istruzione Globale con due miliardi di dollari per contrastare le madrasse estremiste – spesso foraggiate col denaro dell'Arabia Saudita –, che hanno disseminato le giovani menti di messaggi di odio. Dobbiamo lavorare per un mondo in cui a ogni bambino, in ogni luogo, venga insegnato a costruire e non a distruggere.

Lancerò anche un programma di diplomazia pubblica che coinvolga lo sforzo di tutta la mia amministrazione, non di un gruppetto di funzionari politici del Dipartimento di Stato che illustri una guerra mal condotta. Apriremo tante «Casa America» nelle città del mondo islamico, che offriranno internet, biblioteche, lezioni di inglese, programmi educativi e storie dei musulmani d'America e della forza che essi conferiscono al nostro paese. Attraverso nuovi «Corpi della Voce dell'America» recluteremo, addestreremo e manderemo sul campo giovani americani brillanti in grado di parlare – e ascoltare – con la gente che oggi sente parlare di noi solo dai nostri nemici.

Da presidente, condurrò questo sforzo. Entro i primi cento giorni della mia amministrazione, mi recherò in uno dei principali forum islamici per tenere un discorso che ridefinisca la nostra battaglia. Chiarirò che non siamo in guerra contro l'Islam, che siamo sempre dalla parte di quanti vogliono difendere il proprio futuro, e che abbiamo bisogno del loro impegno per sconfiggere i profeti dell'odio e della violenza. Parlerò personalmente con quel bambino che solleva gli occhi verso quell'elicottero e il mio messaggio sarà chiaro: «Tu sei importante per noi. Il tuo futuro è il nostro futuro. E il nostro momento è adesso».

Il che mi porta al quarto punto della mia strategia: chiarirò che il tempo di compromettere i nostri valori di fondo è finito. Come ci ricorda il manuale anti-sommossa, non si può vincere una guerra senza tenere alto il livello di impegno e senza avere la gente dalla propria parte. Ma poiché la nostra amministrazione ha deciso di abbassare quel livello, le nostre truppe hanno più nemici. E poiché la nostra amministrazione ha spazzato via le norme internazionali che riflettono i valori dell'America, noi siamo più deboli nel promuovere quei valori. Quando sarò presidente, l'America rifiuterà la tortura senza eccezione alcuna. L'America è un paese che si è battuto contro quella pratica, e lo farà ancora.

Rifiuterò anche un apparato giudiziario che non funziona. A Guantanamo c'è stata una sola condanna, per appoggio materiale al terrorismo. La sentenza era di nove mesi di galera. Non c'è stata neppure una condanna per atto terroristico. Io ho fiducia nelle Corti americane, e ho fiducia nelle nostre Procure militari. Da presidente chiuderò Guantanamo, ripudierò la legge sulle Commissioni militari[3] e confermerò la nostra adesione alla Convenzione di Ginevra. La nostra Costituzione e il nostro Codice di giustizia militare garantiscono quel che serve per far fronte ai terroristi.

L'attuale amministrazione propone anche una falsa scelta tra le libertà che tanto amiamo e la sicurezza che pretendiamo. Io doterò le nostre agenzie di supporto all'intelligence e alla legge degli strumenti necessari per scovare e catturare i terroristi senza per questo minare la nostra Costituzione e la nostra libertà. Il che significa mai più intercettazioni telefoniche illegali di cittadini americani, mai più spionaggio nei confronti di cittadini che non siano sospettati di un crimine, mai più cittadini sotto controllo solo perché protestano contro una guerra sbagliata, mai più ignorare la legge qualora questa risulti scomoda. Non siamo così, e non è questo che serve per sconfiggere i terroristi. La separazione dei poteri funziona. La nostra Costituzione funziona. Torneremo a essere l'esempio nel mondo

[3] È una legge approvata su proposta del governo Bush, che prescrive che i detenuti «combattenti», cioè coloro che sono stati arrestati mentre compivano atti di terrorismo contro l'America, siano sottoposti al giudizio speciale di queste commissioni militari, che rispondono solo al presidente.

che la legge non è soggetta ai capricci di governanti testardi, e che la giustizia non è un arbitrio.

L'attuale amministrazione agisce come se la violazione dei diritti civili fosse un modo per accrescere la nostra sicurezza. Non lo è. Non ci sono scorciatoie per difendere l'America, ecco perché il quinto punto della mia strategia è compiere il duro e paziente lavoro capace di rendere più sicuro il nostro territorio nazionale. Troppo spesso l'approccio dell'attuale amministrazione al problema della sicurezza nazionale è stato quello di distribuire denaro ed evitare le scelte difficili, o di allarmare gli americani senza dire loro la ragione dell'allarme e neppure cosa fare. Un Dipartimento creato appositamente per far sentire gli americani più sicuri non si è visto neppure quando i cadaveri andavano alla deriva per le strade di New Orleans. È inaccettabile. La mia amministrazione avrà un approccio alla sicurezza nazionale orientato all'individuazione del rischio. Istituirò un Rapporto quadriennale presso il Dipartimento per la sicurezza nazionale, proprio come al Pentagono, per analizzare da cima a fondo le minacce da affrontare e le nostre capacità di farlo. E svilupperò un Piano per la protezione delle infrastrutture nazionali che definisca sia le competenze locali che le priorità nazionali.

Dobbiamo allocare risorse là dove le nostre infrastrutture sono più vulnerabili. Il che significa livelli di sicurezza alti e costanti per i nostri impianti chimici, migliorare le nostre capacità di controllo delle navi da carico, investire nei sistemi di protezione in grado di impedire la distruzione dei nostri porti, garantire che il nostro settore energetico – raffinerie, oleodotti e reti elettriche – sia protetto in modo tale che i terroristi non possano paralizzare la nostra economia.

Dobbiamo anche superare un approccio improntato alla supponenza. Tutti i cittadini in ogni parte d'America sono in prima linea. L'11 settembre, sono stati i cittadini – informati degli attacchi alle Torri gemelle – a proteggere il nostro governo, reagendo eroicamente sul volo 93 per impedire che raggiungesse la capitale della nazione. Quando io sarò in possesso di informazioni utili per i cittadini, le condividerò con loro. Lo scambio di informazioni con le amministrazioni governative e locali deve essere a doppio senso, poiché è impossibile sapere dove si trovano i due pezzi del puzzle da unire – l'imbeccata giunta dall'Afghanistan, o il poliziotto che vede qualcosa di sospetto sulla Michigan Avenue. Incrementerò i finanziamenti per promuovere la formazione della polizia nel raccogliere informazioni e metterle in relazione a quelle che ricevono dal governo federale. Affronterò il problema delle carceri, dove gli americani più disincantati e disadattati vengono appositamente individuati per dialogare con al Qaeda e i suoi alleati ideologici.

Ci troviamo ai primi stadi di una lunga battaglia. Eppure, dopo l'11 settembre, abbiamo già sentito tante cose su ciò che l'America non può, non deve o non vuole neppure provare a fare. Non possiamo votare contro una guerra sbagliata in Iraq, perché questo ci farebbe apparire deboli, né possiamo dialogare con gli altri paesi, perché questo suonerebbe come una ricompensa. Non possiamo rivolgerci alle centinaia di milioni di musulmani che rifiutano il terrorismo, perché temiamo che ci odino. Non possiamo proteggere i nostri confini, perché ci sono troppi obiettivi, né possiamo rassicurare la nostra gente tenendo fede ai nostri valori. Non possiamo superare l'America spaccata tra Democratici e Repubblicani.

Questa non è l'America che io conosco. L'America che io conosco è il paese che ha portato un uomo sulla luna, che ha sconfitto il fascismo e ha contribuito a ricostruire l'Europa. È un paese la cui forza all'estero si misura non solo con gli eserciti, ma piuttosto con la potenza dei nostri ideali, e con la nostra determinazione nel forgiare una più perfetta unione entro i nostri confini. Questa è l'America che io conosco. Ci basta ricominciare ad agire così per scrivere il prossimo capitolo della storia americana. Se lo facciamo, potremo rendere sicura l'America e al tempo stesso estendere la sicurezza e le opportunità al resto del mondo. Possiamo tenere fede ai nostri valori e così facendo promuoverli al di là dei nostri confini. E possiamo essere ciò che serve a quel bambino che leva lo sguardo verso l'elicottero: l'instancabile oppositore del terrore e della tirannia, e la luce di speranza del mondo.

Per fare di tutto questo una realtà, gli americani dovranno unirsi e cambiare radicalmente la rotta di questo paese. Ci vorrà l'azione di una nuova generazione di giovani. Bisognerà affrontare la tragedia a viso aperto, per trasformarla nel trionfo della prossima generazione. È una sfida che io accetto volentieri. Perché quando avremo compiuto questa svolta, avremo fatto ben più che vincere una guerra: saremo stati capaci di rispondere all'appello per rendere l'America e il mondo più sicuri, più liberi e più ricchi di speranza di quanto non li abbiamo trovati.

La questione razziale oggi*

Marzo 2007

Qualche settimana fa ho annunciato la mia candidatura alla presidenza degli Stati Uniti, in piedi davanti al vecchio Campidoglio a Springfield, Illinois; dove Abraham Lincoln tenne il suo discorso dichiarando che una comunità divisa contro se stessa non può durare. E molti commentatori, come al solito, si interrogarono sull'audacia di un giovane come me, che non è stato a Washington abbastanza a lungo.

Io riconosco che in questo c'è una qualche presunzione. Ma ho ricevuto una lettera di incoraggiamento da un amico, il reverendo Otis Moss, nella quale mi dice quanto sia fiero del mio annuncio e mi incita a restare fedele ai miei ideali e ai miei valori e a non farmi intimidire. E aggiunge che se qualcuno si interroga se io debba o meno candidarmi, devo solo dirgli di guardare alla storia di Giosuè, poiché io appartengo alla generazione di Giosuè.

E così voglio parlarvi un po' di Mosè, Aronne e Giosuè, poiché oggi siamo in presenza di tanti Mosè. Oggi siamo in presenza di giganti sulle cui spalle noi ci muoviamo, individui che si sono battuti, non solo in nome degli afroamericani ma per conto di tutta l'America; indivi-

* Discorso pronunciato dal pulpito della storica Brown Chapel a Selma, Alabama, il 4 marzo 2007, per commemorare il quarantesimo anniversario della Marcia per i diritti civili guidata da Martin Luther King.

dui che si sono battuti per l'anima dell'America, che hanno versato il loro sangue, che hanno sopportato scherno, derisione, tormento, e hanno così dato la misura della loro devozione. Come Mosè, questi individui hanno sfidato il faraone, i principi, i potenti che sostenevano che ad alcuni spettava stare in alto, ad altri in basso, e che sarebbe stato sempre così.

Dio ci ha fatti a sua immagine e noi rifiutiamo l'idea di restare confinati per il resto della vita a uno stato di inferiorità, di non poter ambire alle vette più elevate, e di non poter esprimere tutto il nostro talento. E così, grazie a ciò che hanno sofferto, e per cui hanno marciato, quegli individui hanno condotto un popolo fuori dalla schiavitù.

Lo hanno guidato attraverso un mare che nessuno pensava si sarebbe mai aperto. Hanno vagato nel deserto ma sempre con la consapevolezza che Dio era con loro e che, se mantenevano quella fede in Dio, tutto sarebbe andato bene. Ed è grazie alla loro marcia che la generazione successiva non ha versato troppo sangue.

È grazie alla loro marcia che noi abbiamo eletto consiglieri e deputati. È grazie alla loro marcia che io ho ricevuto il tipo d'istruzione che ho avuto, una laurea in legge, un posto al Senato dell'Illinois e infine al Senato degli Stati Uniti. È grazie alla loro marcia che io mi trovo oggi qui davanti a voi. Il mio debito personale è ancora più grande, perché non solo la mia carriera è il risultato del lavoro delle donne e degli uomini che oggi onoriamo, ma la mia stessa esistenza non sarebbe stata possibile senza quel che fu fatto da molti qui presenti oggi.

Mio nonno faceva il cuoco per gli inglesi in Kenya. È cresciuto in un piccolo villaggio e per tutta la vita questo è tutto ciò che ha fatto, il cuoco e il domestico. E così lo chiamavano, anche quando aveva sessant'anni. Lo chiamavano il domestico. Non lo chiamavano per nome. Vi ricorda qualcosa?

Lui doveva andare in giro con un lasciapassare perché gli africani nella loro terra, nel loro stesso paese, che all'epoca era una colonia britannica, non avevano libertà di movimento. Potevano andare soltanto dove veniva loro ordinato. Potevano lavorare soltanto dove veniva loro ordinato. Eppure qualcosa avvenne qui a Selma, in Alabama. Qualcosa accadde a Birmingham che produsse quelle che Bob Kennedy definì «scosse di speranza in tutto il mondo». Qualcosa accadde quando un pugno di donne decise di andare a piedi invece di salire sull'autobus dopo una lunga giornata passata a fare il bucato di qualcun altro, e a badare ai figli di qualcun altro. Quando uomini con il titolo di professori dissero «basta» e decisero di difendere la nostra dignità. Tutto questo fu come un grido che giunse al di là dell'oceano, e mio nonno cominciò a immaginare qualcosa di diverso per suo figlio. Suo figlio, che era cresciuto allevando capre in un piccolo villaggio dell'Africa, poteva all'improvviso spostare lo sguardo un po' più in alto e credere che, forse, in questo mondo ci fosse una possibilità per un uomo nero.

Quel che accadde a Selma, in Alabama, e a Birmingham scosse anche la coscienza della nazione. Preoccupò chi era alla Casa Bianca, che cominciò a dirsi: «Guarda, John, noi lottiamo contro il comunismo. Come faremo a conquistare i cuori e le menti di tutto il mondo? Se neppure qui nel nostro paese teniamo fede agli ideali enunciati nella nostra Costituzione, potremmo essere tacciati di ipocrisia». E così i Kennedy decisero di fare un ponte aereo: «Andremo in Africa e cominceremo a portare in America giovani africani, per dare loro un'istruzione e far sì che possano vedere che magnifico paese è il nostro».

Un giovane dal nome Barack Obama ebbe uno di quei biglietti e venne in questo paese. Qui incontrò una donna il cui bis-bis-bis-bisnonno aveva posseduto degli schiavi; ma lei ebbe una buona idea – c'era follia nell'aria – sicché si guardarono negli occhi e si dissero: «Sappiamo che nel mondo così come è stato finora non sarebbe possibile per noi stare insieme e avere un figlio». Ma qualcosa si muoveva nel paese per quel che era accaduto a Selma, in Alabama, perché c'erano persone che volevano marciare al di là del ponte. E così i due si misero insieme e nacque Barack Obama junior. Perciò nessuno mi dica che io non ho alcun diritto su Selma, in Alabama; nessuno mi dica che qui a Selma, in Alabama, non sono a casa mia.

Io sono qui perché allora qualcuno marciò. Sono qui perché voi tutti vi siete sacrificati per me. Io cammino sulle spalle dei giganti. E ringrazio la generazione di Mosè; ma dobbiamo ricordare, ora, che Giosuè ha ancora un lavoro da portare a termine. Per quanto grande fosse, e malgrado tutto quel che fece, guidando un popolo fuori dalla schiavitù, Mosè non attraversò il fiume per vedere la terra promessa. Dio gli disse: «Il tuo compito è finito. Vedrai. Tu sarai in cima alla montagna e vedrai quel che ho promesso. Quel che ho promesso ad Abramo, Isacco e Giacobbe. Vedrai che ho mantenuto la promessa, ma tu non andrai laggiù».

Dobbiamo lasciare che sia la generazione di Giosuè a fare in modo che accada. Ci sono ancora battaglie da combattere; fiumi da attraversare. Come è avvenuto per Mosè, il compito è stato passato a quanti forse non saranno altrettanto meritevoli, altrettanto coraggiosi, di fronte ai rischi corsi dai loro genitori e dai loro nonni. Ma ciò non vuol dire che essi non abbiano più un fardello da portare sulle spalle, che non abbiano più responsabilità. La generazione precedente, quella di Mosè, ha indicato la via. Loro hanno fatto il novanta per cento della strada per portarci fin qui. Ci resta ancora un dieci per cento per passare dall'altra sponda. E così, io credo, la domanda di oggi è: «Cosa ci si aspetta da noi, da questa generazione di Giosuè? Cosa dobbiamo fare per tener fede a questa eredità? Per rispettare gli obblighi e il debito che abbiamo con coloro che ci hanno permesso di essere qui oggi?».

Io non penso che riusciremo mai ad estinguere quel debito. Penso che continueremo a voltarci sempre indietro; ma se non altro ho qualche proposta su come fare per tener fede a questa enorme eredità. La prima è saper riconoscere la nostra storia. Qualcosa infatti mi preoccupa: abbiamo istituito il mese della storia dei neri, veniamo qui a marciare tutti gli anni, una volta all'anno, non perdiamo occasione per celebrare le varie tappe del movimento per i diritti civili, commemoriamo la nascita di Luther King, ma sono convinto che comprendere la nostra storia e capire cosa significhi è qualcosa da compiere tutti i giorni.

Mosè disse alla generazione di Giosuè: «Non dimenticate da dove venite». Talvolta ho il timore che la generazione di Giosuè, presa dal successo, dimentichi da dove viene, creda di non dover fare così tanti sacrifici, ritenga che la massima ambizione sia fare più soldi possibile, guidare le auto più grosse, avere la casa più grande, portare un Rolex al polso, avere il jet privato. Io credo che tutto questo vada bene: non c'è niente di male nel far soldi. Ma se conosci la tua storia, allora sai che c'è una certa pochezza di ambizioni nel battersi soltanto per il denaro. Il materialismo da solo non può soddisfare le possibilità che abbiamo nella nostra esistenza. Bisogna riempirla con qualcos'altro. Bisogna riempirla con la regola aurea: pensando agli altri. E se conosciamo la nostra storia, capiamo che questo è il massimo risultato che possiamo ottenere.

La seconda cosa che la generazione di Giosuè deve capire è che i principi di uguaglianza stabiliti e conquistati con fatica sono qualcosa per cui bisogna combattere tutti i giorni, che non è garantita una volta per tutte. La preoccupazione più forte per la Giustizia del governo Bush riguarda l'«affirmative action»[1]. Hanno praticamente impiegato tutto il loro tempo a occuparsi di scuole e università in tutto il paese dove si dà un po' di respiro ai giovani afroamericani e ispanici, per fare in modo che anch'essi possano iscriversi. C'era un'università nel Sud dell'Illinois che aveva avviato un dottorato in scienze e matematica per gli afroamericani. La motivazione: perché solo l'1% di quei dottorati viene assegnato agli afroamericani. In un'epoca in cui la competizione economica avviene a livello globale, e non si tratta più di fare concorrenza alla Carolina del Nord, alla Florida e alla California, ma alla Cina e all'India, e ci occorrono specializzati in scienze e matematica, le università hanno creduto che quella fosse una buona idea. Ma il ministero della Giustizia ha scritto una lettera minacciando di promuovere un'azione legale contro quell'università per discriminazione a favore delle minoranze etniche, a meno che quei corsi non venissero chiusi.

[1] L' Affirmative Action è una figura giuridica inserita nella legislazione civile americana con le leggi sui diritti civili; ha il compito di garantire la presenza delle minoranze etniche nei posti di lavoro, nelle scuole e nelle università.

Questo ci ricorda che c'è ancora tanto lavoro da fare, e che occorre consolidare la legislazione contro la discriminazione, mentre l'ingiustizia e la disparità di trattamento persistono nel sistema penale del nostro paese. Certo, le cose sono migliorate. E non dobbiamo mai negarlo. Ma non bisogna dimenticare che dire che le cose sono migliorate non vuol dire ancora che vanno bene. E che finché non avremo la piena parità di trattamento indipendentemente dal colore e dal sesso, dobbiamo continuare a lottare, e che raggiungere questo risultato è il compito importante che deve svolgere la generazione di Giosuè.

La terza cosa da riconoscere è che abbiamo lottato per i diritti civili, ma ci sono ancora molti diritti economici da conquistare. In questo paese ci sono 46 milioni di persone prive di assicurazione, anche se per l'assistenza sanitaria spendiamo più di qualunque altro paese al mondo. E questo non ha senso. Di conseguenza, ci ritroviamo con la ben nota disparità di trattamento del sistema sanitario, in quanto molti dei cittadini privi di assicurazione sono afro o latinoamericani. L'aspettativa di vita è bassa, quasi tutte le malattie hanno una maggiore incidenza nelle minoranze: è il divario del nostro sistema sanitario.

Le scuole dei neri hanno meno possibilità di reperire finanziamenti adeguati. In queste scuole ci sono insegnanti meno qualificati. Ci sono meno libri. In alcune di esse ci sono più topi che computer. È quello che si dice il divario di rendimento. Abbiamo un divario nel sistema sanitario e un divario nel rendimento scolastico.

C'è il caso Katrina tuttora irrisolto. Sono stato a New Orleans tre settimane fa, sembra ancora una città bombardata. Non è stata ancora ricostruita. Rispetto al disastro dell'11 settembre, il governo federale lanciò un programma speciale per garantire aiuti alla ricostruzione: rinunciò alla condizione che Manhattan ripagasse il 10% dei costi. Quando in Florida ci fu l'uragano Andrew, il governo rinunciò alla clausola del 10% poiché ci sono catastrofi talmente devastanti che non ci si può aspettare che la singola comunità provveda alla ricostruzione. A New Orleans – dove è avvenuta la più grave calamità naturale della nostra storia – il governo federale sta chiedendo: «Dov'è il vostro 10%?».

C'è un divario di empatia. C'è un divario nella comprensione per la gente di New Orleans. È un divario che il popolo americano non ha condiviso, perché abbiamo visto tutti come ha reagito. Ma in un modo o nell'altro il governo non ha risposto con quello stesso senso di compassione, con quello stesso senso di solidarietà. E tuttavia l'aspetto peggiore è che la tragedia a New Orleans è avvenuta ben prima dell'uragano, perché in molte di quelle comunità c'erano già tanti giovani in galera, tanti ragazzi dispersi, e così poca speranza.

Un divario di speranza. Un divario di speranza che tuttora permane in troppe comunità di tutto il paese e anche qui in Alabama. Cosicché la domanda è: che cosa dobbiamo fare noi, generazione di Giosuè, per colmare questi divari? Stiamo facendo nel Congresso tutti i possibili sforzi per garantire che l'istruzione primaria sia adeguatamente finanziata e che i salari minimi siano aumentati in modo tale che la gente possa acquisire dignità e rispetto?

Stiamo garantendo che, se qualcuno perde il lavoro, venga recuperato nel ciclo produttivo? E che se perde l'assistenza sanitaria e la pensione, ci sia qualcuno che lo aiuti a rimettersi in piedi? Stiamo garantendo una seconda opportunità a coloro che hanno commesso errori e sono stati in galera, ma hanno voglia di rifarsi una vita? Il governo da solo non può risolvere tutti questi problemi, ma può aiutare. È responsabilità della generazione di Giosuè garantire che ci sia un governo capace di rispondere a tutti i bisogni che esistono in tutta l'America.

Questo mi porta a un altro punto per la generazione di Giosuè: che non basta chiedersi cosa il governo possa fare per noi, è importante chiederci cosa noi possiamo fare per noi stessi.

Uno dei tratti distintivi del movimento per i diritti civili era il grado di disciplina e di fermezza istillato in tutti coloro che vi prendevano parte. Pensate a quei giovani, di sedici, diciassette, venti, ventuno anni, schiena dritta, sguardo limpido, giacca e cravatta, seduti dietro al bancone della mensa, certi che qualcuno avrebbe rovesciato loro addosso il latte ma col senso della disciplina necessario per capire che non aveva senso reagire, perché dimostrando al mondo quanto fossimo disciplinati come popolo, potevamo riuscire a conquistare la coscienza della nazione. Non sono altrettanto certo che siamo riusciti a istillare lo stesso senso della morale e la stessa motivazione in questa generazione: talvolta mi sembra che si siano un po' smarriti. Io mi sto battendo perché le scuole di tutto il paese siano adeguatamente finanziate. Ma mi scontro con l'iniqua consuetudine di legare i finanziamenti al volume della tassa sulle proprietà, per cui i giovani nati nei quartieri ricchi hanno scuole migliori di chi è nato in quartieri poveri. Ma questa non è la via americana.

Voglio aggiungere che anche se mi batto per una maggiore uguaglianza nell'allocazione dei fondi alle scuole, non serve a molto se poi i genitori non spengono la tv quando i figli tornano da scuola e non si accertano che si mettano seduti a fare i compiti, se non vanno a parlare con gli insegnanti per capire cosa combinano, e se non cominciamo a infondere nei nostri ragazzi l'idea che non c'è niente di cui vergognarsi in un buon rendimento scolastico: non riesco a capire chi abbia insegnato loro che saper leggere, scrivere e coniugare i verbi sia una cosa da bianchi.

Dobbiamo superare questa mentalità. Il che fa parte di ciò che ci insegna la generazione di Mosè: invece di dirci che non possiamo fare qualcosa, dirci che cosa possiamo riuscire a fare. Possiamo farcela. Abbiamo la forza nelle nostre mani. La gente si lamenta della qualità del nostro governo, io so che c'è di che lamentarsi. Sto a Washington. Vedo quel che accade. Vedo quei poteri e quelle congreghe annidati lì, che scrivono i disegni di legge sull'energia e quelli contro la droga.

Ma so anche che se il nostro vicino di casa si alzasse dal divano, andasse a iscriversi nelle liste elettorali e votasse, potremmo avere un tipo diverso di politica. È questo che ci insegna la generazione di Mosè. Levatevi le pantofole. Mettetevi le scarpe e cominciate a marciare. Mettetevi a fare un po' di politica. Cambiate questo paese! Questo è ciò di cui abbiamo bisogno. Abbiamo troppi bambini poveri e dovremmo vergognarci: ma non ditemi che questo non ha niente a che fare col fatto che troppi padri non si comportano da padri. Non pensate che la paternità si esaurisca con il concepimento: io ne so qualcosa perché mio padre non c'era quando ero giovane e lottavo.

Ho attraversato momenti duri. So cosa vuol dire non avere in casa una figura maschile forte; e per questo, a volte, l'aspetto più duro del fare politica, per me, è non poter stare a casa quanto vorrei, per quanto sia fortunato nell'avere una moglie meravigliosa che riesce a tenere tutto assieme. E non ditemi che non possiamo fare di meglio per i nostri figli, che non possiamo assumerci più responsabilità e cercare di infondere in loro i valori e gli ideali che la generazione di Mosè ci ha insegnato quanto a sacrificio, dignità, onestà, duro lavoro, disciplina e abnegazione. Tutto ciò dipende da noi. Dobbiamo trasmetterlo alla prossima generazione. Insomma voglio dire che il movimento per i diritti civili non è stato solo una lotta contro l'oppressore, è stato anche una lotta contro l'oppressore che è in ciascuno di noi.

Talvolta è facile puntare il dito contro qualcun altro e dire che la colpa è sua, perché l'oppressione ha un modo speciale di insinuarsi, di bloccarti: cominci col dirti «Non ce la faccio a fare qualcosa, non posso leggere, non posso andare all'università, non posso avviare un'impresa, non posso candidarmi al Congresso, non posso candidarmi alla presidenza». La gente ti ripete che non ce la puoi fare e dopo un po' cominci a crederci. Il movimento per i diritti civili ci ha insegnato anzitutto che se vogliamo trasformare il mondo dobbiamo prima cambiare noi stessi. Il Mahatma Gandhi, grande eroe di Luther King, l'uomo che ha contribuito in larga parte a creare il movimento per la nonviolenza in tutto il mondo, disse una volta che non puoi cambiare il mondo se non hai prima cambiato te stesso.

Infine, credo che la generazione di Mosè ci abbia insegnato a ricordare che tutto quel che facciamo lo facciamo perché Dio è con noi. Giosuè disse: «Ho paura, non sono sicuro di essere all'altezza della sfida»; e il Signore gli rispose: «Io ti ho dato ogni lembo di terra che i tuoi piedi calpestano. Sii forte e abbi coraggio, perché io sono con te dovunque tu vada». È una preghiera per un viaggio. Una preghiera che fece restare una donna al suo posto quando l'autista di un autobus le disse di alzarsi, una preghiera che ha portato nove ragazzi ad attraversare la soglia della scuola di Little Rock[2], una preghiera che ha portato i nostri fratelli e le nostre sorelle ad attraversare un ponte qui a Selma, in Alabama.

«Sii forte e abbi coraggio, perché io sono con te dovunque tu vada». Abbiamo fatto tanta strada in questo viaggio, ma ce ne resta ancora tanta da percorrere. Quel ponte fu attraversato da bianchi e neri, gente del Nord e del Sud, ragazzi e bambini, l'adorata comunità dei bambini di Dio che voleva compiere quei passi insieme: ma fu compito di Giosuè portare a termine il viaggio iniziato da Mosè. Oggi noi siamo chiamati a essere i Giosuè del nostro tempo, la generazione che trova la propria strada al di là del fiume.

Ci saranno giorni in cui il corso d'acqua sembrerà troppo largo e il viaggio troppo lungo, ma in quei momenti dovremo ricordare che la nostra storia è percorsa da un filo di ideali che hanno guidato i nostri viaggi e ci hanno sospinto, anche quando sembravano al di là della nostra portata: la libertà di fronte alla tirannide, l'opportunità dove non ve n'era alcuna, e la speranza contro la più cieca disperazione. Quegli ideali e quei valori ci spronano ancora, e quando ci colgono i dubbi e le paure, così come avveniva a Giosuè, quando la strada sembra troppo lunga e ci sembra di perderci, ricordiamo quanto fece quella gente su quel ponte.

Conservate nel cuore la preghiera di quel viaggio, la preghiera che Dio diede a Giosuè. Siate forti e coraggiosi di fronte all'ingiustizia. Siate forti e coraggiosi di fronte al-

[2] Nel 1957 nove studenti di colore entrarono in una scuola di Little Rock, a dispetto delle proteste della popolazione bianca.

l'odio e al pregiudizio, di fronte alla disoccupazione, alla disperazione e allo sconforto. Siate forti e coraggiosi, fratelli e sorelle qui radunati, di fronte alle nostre paure e ai nostri dubbi, di fronte allo scetticismo, al cinismo, di fronte a un fiume immenso. Siate forti e coraggiosi, e attraversiamo assieme il ponte verso la terra promessa.

Politica e religione*

Giugno 2006

Voglio parlare del rapporto tra religione e politica, e magari proporre qualche idea su come affrontare qualcuna delle dispute aspre cui assistiamo da diversi anni. Lo faccio perché, come sapete, noi possiamo affermare l'importanza della povertà nella Bibbia, e possiamo sostenere e diffondere questo Patto per una Nuova America. E di certo possiamo parlarne con la stampa, e possiamo discutere quanto ci pare l'invito della religione a occuparci della povertà e della sensibilità verso l'ambiente. Ma tutto ciò non avrà alcun impatto finché non affronteremo di petto la reciproca diffidenza che talvolta esiste tra America religiosa e America secolare.

Voglio farvi un esempio che mi pare illustrare bene la situazione. Come qualcuno di voi sa, nel 2004, alle elezioni per il Senato degli Stati Uniti, ero in competizione con un signore di nome Alan Keyes. Il signor Keyes è molto portato per lo stile retorico alla Jerry Falwell-Pat Robertson[1], e spesso etichetta i progressisti come immorali e atei. Fatto sta che il signor Keyes, sul finire della campagna elettorale, annunciò che «Gesù Cristo non voterebbe per Barack

* Discorso tenuto il 28 giugno 2006 a Washington, DC.

[1] Sono i due leader più conosciuti del movimento religioso dei cristiani-evangelici sostenitore dei neo-con di George W. Bush.

Obama. Cristo non voterebbe per Barack Obama, perché Barack Obama si è comportato in un modo inconcepibile per Cristo». Gesù Cristo non voterebbe per Barack Obama. Alcuni dei miei sostenitori liberal mi suggerirono subito di non prendere sul serio questa affermazione, e in sostanza di ignorarla. Per loro, il signor Keyes era un estremista, e i suoi argomenti non erano degni di attenzione. E poiché all'epoca avevo nei sondaggi quaranta punti di vantaggio, probabilmente non era un cattivo consiglio in termini di strategia.

Ma quel che loro in realtà non capirono, era che io dovevo invece prendere sul serio il signor Keyes, in quanto egli pretendeva di parlare in nome della mia religione, e del mio stesso Dio. Pretendeva di conoscere verità certe. Il signor Obama sostiene di essere cristiano – diceva in sostanza – e tuttavia ha uno stile di vita che la Bibbia definisce un abominio. Il signor Obama sostiene di essere cristiano, ma appoggia la distruzione della vita sacra e innocente.

Io replicai con quella che è diventata la tipica risposta liberal in simili dispute: cioè, che viviamo in un mondo pluralistico, che non si può imporre agli altri la propria visione religiosa, e che io ero in corsa per diventare senatore dell'Illinois al Senato di Washington, non pastore dell'Illinois. Ma l'insinuazione del signor Keyes che io non fossi un buon cristiano mi disturbava, ed ero anche consapevole che la mia risposta non dava il giusto peso all'importanza che ha la fede nell'orientare i miei valori e le mie convinzioni.

Naturalmente non si trattava solo del mio dilemma: in un certo senso esso rifletteva il più ampio dibattito che da trent'anni a questa parte si svolge in questo paese sul ruolo della religione nella politica. Da un po' di tempo, si fa un gran parlare tra esperti e sondaggisti del fatto che lo spartiacque politico in questo paese si situa in modo netto lungo il confine religioso. In sostanza, il più grande divario oggi esistente tra i bianchi americani in fatto di affiliazione ai partiti, non è più quello tra uomini e donne, o tra coloro che risiedono negli Stati a maggioranza repubblicana o a maggioranza democratica, ma tra chi va regolarmente in chiesa e chi no.

Gli esponenti conservatori sono stati ben felici di sfruttare questa divisione, e non hanno perso occasione per ricordare ai cristiani evangelici che i democratici disprezzano i loro valori e non amano la loro chiesa; mentre al resto del paese hanno dato a intendere che ciò che sta a cuore agli americani religiosi sono solo temi quali l'aborto o il matrimonio gay, la religione nelle scuole e il «Disegno intelligente»[2]. Noi democratici, per lo più, abbiamo abboccato all'esca. Nella migliore delle ipotesi, cerchiamo proprio di evitare l'argomento dei valori religiosi, col timore di offendere qualcuno e sostenendo che, quali che siano le nostre personali convinzioni, i principi costituzionali ci legano le mani. Nella peggiore, ci sono esponenti liberal che nella pubblica piazza liquidano la religione come intrinsecamente irrazionale o intollerante, riproponendo una caricatura degli americani religiosi, che li vuole fanatici, o ritenendo che la stessa parola «cristiano» denoti un avversario politico più che un popolo che ha fede.

A lungo andare, credo che facciamo un errore a non riconoscere l'importanza della fede nella vita della gente,

[2] La teoria del «Disegno intelligente» contesta la spiegazione evoluzionista del creato, e lo fa discendere solo dal disegno di un'intelligenza superiore. Durante la presidenza Bush gli esponenti di questa teoria hanno chiesto che venisse insegnata nelle scuole nell'ambito delle materie scientifiche.

nella vita degli americani, e credo che sia tempo di ritrovarci in un serio dibattito su come riconciliare la fede con la nostra moderna democrazia pluralista. Ma se decidiamo di farlo, la prima cosa da capire è che gli americani sono un popolo religioso: il 90% di noi crede in Dio, il 70% aderisce a una forma di religione organizzata, il 38% si definisce cristiano praticante. Questa tendenza religiosa non è semplicemente il frutto della buona politica di marketing di abili predicatori o della forza di trascinamento di qualche popolare mega-chiesa[3]. In realtà ci descrive un bisogno che è più profondo, un bisogno che travalica ogni specifica causa o istanza.

Si direbbe che, ogni giorno, migliaia di americani compiono la loro quotidiana routine: lasciano i bambini a scuola, vanno in ufficio, prendono un volo per una riunione di lavoro, fanno le loro spese, eppure sentono che c'è qualcosa che manca. Stanno realizzando che il lavoro, le proprietà, i passatempi, gli affari non bastano. Hanno bisogno di uno scopo, di un orizzonte entro cui collocare le loro vite. Stanno cercando di alleviare una solitudine cronica, una sensazione attestata da uno studio recente secondo cui gli americani hanno molti meno amici intimi e confidenti di un tempo. E perciò hanno bisogno di sapere che c'è qualcuno a cui importa di loro, qualcuno che li ascolta, e che il loro destino non è solo quello di percorrere quella lunga autostrada verso il nulla.

Io ne parlo con una certa esperienza. Non sono cresciuto in una famiglia particolarmente religiosa, come di certo tanti di voi. Mio padre, che tornò in Kenya quando avevo due anni, era nato musulmano, ma da adulto era di-

[3] È la definizione di congregazioni religiose capaci di radunare almeno 2000 fedeli ogni settimana.

venuto ateo. Mia madre, i cui genitori erano battisti e metodisti non praticanti, era forse una delle persone più spirituali e disponibili che abbia mai conosciuto, ma anche lei era cresciuta con un sano scetticismo nei confronti della religione organizzata. Di conseguenza, fu così anche per me.

Solo dopo l'università, quando andai a lavorare a Chicago, come organizzatore sociale in una comunità per un gruppo di chiese cristiane, mi trovai di fronte al mio personale dilemma spirituale. Lavoravo con le chiese, e i cristiani con cui lavoravo si riconoscevano in me. Vedevano che conoscevo il loro Libro, che condividevo i loro valori e cantavo i loro canti. Ma avevano la sensazione che una parte di me restasse distaccata, isolata, e che fossi come un osservatore in mezzo a loro. E così cominciai a capire che mancava qualcosa, che senza un timone che tenesse insieme le mie convinzioni, senza l'impegno in una particolare comunità di fede, in un certo senso sarei sempre rimasto distaccato, e solo.

Se non fosse stato per le caratteristiche particolari di una chiesa storicamente nera, avrei anche potuto accettare questa sorte. Ma via via che a Chicago passavano i mesi, mi sentii trascinato non solo a lavorare con la chiesa, ma a stare dentro la chiesa. Ecco perché credevo e tuttora credo nel potere della tradizione religiosa afro-americana di sollecitare il cambiamento sociale, un potere reso tangibile da alcuni esponenti oggi presenti qui. Grazie al suo passato, la chiesa nera interpreta in una chiave intima l'invocazione biblica a nutrire gli affamati, a vestire gli ignudi, a sfidare i potenti e le combriccole di potere. E nelle sue storiche battaglie per la libertà e dei diritti dell'uomo, sono riuscito a scorgere una fede che è qualcosa di più che un conforto per gli afflitti o un sostegno contro la morte, ma piuttosto un fattore attivo, un agente palpabile nel mondo. Una fonte di speranza. E forse è per questa intima conoscenza della difficoltà, di una fede radicata nella lotta, che la chiesa mi ha offerto una seconda intuizione, che oggi credo sia importante sottolineare. La fede non significa che non hai dubbi. Il bisogno di andare in chiesa nasce in primo luogo dall'appartenenza a questo mondo, non dallo starne fuori. Il bisogno di abbracciare Cristo deriva proprio dalle colpe che vogliamo emendare, perché siamo esseri umani e abbiamo bisogno di un alleato in questo difficile viaggio.

È stato per queste nuove intuizioni che un giorno sono riuscito finalmente a percorrere la navata della Trinity United Church of Christ, sulla 95ª Strada nella zona sud di Chicago, per affermare la mia fede cristiana. È stata una scelta, non un'epifania. Non è avvenuto per caso. Le domande che avevo dentro non sono magicamente scomparse. Ma inginocchiandomi davanti alla croce, ho avuto la sensazione di sentire lo spirito di Dio che mi chiamava. Mi sono sottoposto alla sua volontà, e mi sono dedicato alla scoperta della sua verità.

È lo stesso percorso condiviso da milioni e milioni di americani, evangelici, cattolici, protestanti, come pure ebrei e musulmani. Alcuni lo hanno intrapreso dalla nascita, altri a un certo punto di svolta della vita. E non è qualcosa che essi tengono separata dal resto dei loro valori e delle loro convinzioni. In realtà, spesso è proprio ciò che orienta quei valori e quelle convinzioni. Ecco perché, se veramente speriamo di parlare alla gente così com'è, e comunicare le nostre speranze e i nostri valori in un modo che risulti interessante per loro, anche in quanto progressisti non possiamo abbandonare il terreno del discorso religioso. Poiché ogni volta che ignoriamo il dibattito sul significato dell'essere un buon cristiano, musulmano o ebreo; o che parliamo di religione solo in senso negativo, per dire dove o come non la si debba praticare, piuttosto che nel senso positivo di quel che ci dice sugli obblighi che abbiamo l'un l'altro; o siamo intimiditi dagli eventi o dalle trasmissioni religiose poiché ci sentiamo fuori posto: ci sono altri che occupano quel posto vuoto, quelli con una visione più rigida della fede, o quelli che la usano cinicamente per giustificare interessi di parte.

Andando più in profondità, il disagio di alcuni progressisti verso qualunque accenno alla religione ci ha spesso impedito di affrontare alcune questioni in termini morali. In parte è anche un problema di retorica – se cancelliamo dal linguaggio qualsiasi contenuto religioso, ci giochiamo l'immaginario e le parole con cui milioni di americani interpretano non solo la loro personale moralità ma anche la giustizia sociale. Immaginate il discorso inaugurale di Lincoln per il suo secondo mandato senza il riferimento ai «giudizi del Signore»; o il discorso «Ho un sogno» del nostro Luther King, senza i riferimenti a «tutti i figli di Dio». Il loro richiamo a una verità suprema ha contribuito a stimolare quel che era sembrato impossibile, e a indurre la nazione ad abbracciare un comune destino. L'incapacità di noi progressisti nel far presa sui capisaldi morali della nazione non è però solo un fatto di retorica. Il timore di scivolare nella «predica» ci porta anche a svalutare il ruolo che valori e cultura possono giocare in alcuni dei nostri problemi sociali più urgenti. Dopotutto, i problemi della povertà e del razzismo, o di quelli che sono senza lavoro e senza assistenza sanitaria, non sono aspetti meramente tecnici da inserire nei dieci punti del programma perfetto: essi hanno profonde radici sia nell'indifferenza sociale che nell'insensibilità individuale, insomma nelle imperfezioni dell'uomo.

Risolvere simili problemi richiederà cambiamenti nella politica di governo, ma richiederà anche un cambiamento nei cuori e nella mentalità. Io credo che occorra tenere le armi lontane dai quartieri poveri delle nostre città, e che i nostri governanti debbano dirlo in faccia alla lobby dei fabbricanti d'armi, ma credo anche che quando il membro di una gang spara indiscriminatamente sulla folla perché ha la sensazione che qualcuno lo abbia oltraggiato, abbiamo un problema morale. C'è un vuoto nel cuore di quel giovane, un vuoto che il governo da solo non può colmare. Io credo in una vigorosa applicazione delle nostre leggi antidiscriminazione; ma credo anche che una trasformazione delle coscienze e un genuino impegno sul tema delle diversità da parte dei top manager del nostro paese riuscirebbero a produrre esiti più rapidi di un esercito di avvocati. In ogni caso loro hanno più avvocati di noi.

Penso che dovremmo investire più denaro pubblico nell'istruzione delle ragazze e dei ragazzi poveri, e penso anche che dovremmo informarli sulla contraccezione che può evitare gravidanze indesiderate, può abbassare il tasso di aborti, e contribuire a far sì che ogni bambino sia amato e curato. Ma la mia Bibbia dice anche che se insegniamo a un bambino come comportarsi, da grande non se ne scorderà. E perciò penso che la fede e l'impegno possano contribuire a fortificare l'amor proprio di una ragazza, il senso di responsabilità di un ragazzo, e il rispetto che tutti i giovani dovrebbero avere per l'intimità sessuale.

Poiché non credo che i religiosi abbiano un monopolio sulla morale, preferirei che qualcuno con solide radici morali ed etiche, e al tempo stesso laico, rivendicasse la propria moralità, la propria etica e i propri valori senza far finta di essere qualcosa che non è. Non ce n'è bisogno. Nessuno ne ha bisogno.

Quel che voglio dire è che i laici sbagliano quando chiedono ai credenti di lasciare la loro religione sulla soglia di casa prima di entrare nella pubblica piazza. Frederick Douglas, Abraham Lincoln, Williams Jennings Bryant, Dorothy Day, Martin Luther King, cioè la maggioranza dei grandi riformatori della storia americana, non erano mossi solo dalla fede, ma utilizzavano continuamente il discorso religioso a sostegno della loro causa. Ecco perché affermare che gli uomini e le donne non debbano riversare la loro «morale personale» nel dibattito politico è di fatto un'assurdità. La nostra legge è per definizione una codificazione della morale, per lo più radicata nella tradizione giudaico-cristiana. Inoltre, se noi progressisti ci scrollassimo di dosso qualcuno di questi pregiudizi, potremmo riconoscere che laddove si tratta di scegliere una direzione morale e materiale per il nostro paese, alcuni valori sono condivisi tanto dai credenti che dai laici. Potremmo riconoscere che l'appello al sacrificio in nome della prossima generazione, la necessità di pensare in termini di «tu» e non solo di «io» risuonano nelle comunità religiose di tutto il paese.

Qualcosa del genere sta già accadendo. Ci sono pastori, amici come Rick Warren e T. D. Jakes, che spendono la loro enorme influenza nel tentativo di risolvere problemi come quello dell'Aids, della riduzione del debito del Terzo mondo e del genocidio nel Darfur. Pensatori e attivisti religiosi che ricorrono al richiamo biblico di aiutare il prossimo per mobilitare i cristiani contro i tagli alla spesa sociale e contro le diseguaglianze crescenti. E in ogni caso, abbiamo bisogno di cristiani al Campidoglio, abbiamo bisogno di ebrei al Campidoglio, abbiamo bisogno di mussulmani al Campidoglio, che parlino della tassa di successione. Quando, infatti, nel dibattito su tale tassazione si propone di sottrarre migliaia di miliardi di dollari alla spesa sociale per darli a poche persone che non ne hanno bisogno e neppure li chiedono, è evidente che il nostro dibattito pubblico ha bisogno di un'iniezione di moralità.

In tutto il paese, singole chiese come la mia o la vostra sostengono programmi per l'assistenza giornaliera, allestiscono centri per gli anziani, aiutano ex detenuti a riprendersi le loro vite, e ricostruiscono le nostre coste sul golfo devastato dall'uragano Katrina. Dunque la domanda è: in che modo intendiamo costruire qualcosa a partire da questa ancora incerta alleanza tra gente religiosa e gente laica di buona volontà? Ci vorrà molto lavoro, molto più di quanto se ne sia fatto finora. Le tensioni e la diffidenza sui due fronti dello spartiacque religioso dovranno essere affrontati in modo diretto. E ciascun fronte dovrà accettare alcune regole di base per poter collaborare.

Mentre ho già delineato parte del lavoro che spetta ai leader progressisti, voglio un attimo parlare di ciò che dovranno fare i leader conservatori, di alcune verità che devono riconoscere. Innanzitutto, occorre che comprendano il ruolo cruciale che la separazione tra Chiesa e Stato ha avuto nel preservare non solo la nostra democrazia, ma la solidità della nostra pratica religiosa. Molti tendono a dimenticare che all'epoca della nostra fondazione, non furono gli atei o i libertari i principali paladini del Primo Emendamento. Furono le minoranze perseguitate, furono i battisti come John Leland, a non volere che le chiese imponessero la loro ottica su quanti erano ben felici di andare in giro per i campi a insegnare le Scritture agli schiavi. Furono gli antenati degli evangelici i più intransigenti a non voler mescolare il governo con la religione, poiché non volevano che la religione di Stato impedisse loro di praticare la fede nel modo in cui la intendevano.

In aggiunta, data la sempre crescente diversità della popolazione americana, mai i rischi del settarismo sono stati più grandi. Qualunque cosa siamo stati in passato, oggi di certo non siamo più solo una nazione cristiana; siamo anche una nazione ebraica, una nazione mussulmana, una nazione buddista, una nazione indu, e una nazione di non credenti. E se anche avessimo solo cristiani tra noi, se espellessimo tutti i non cristiani dagli Stati Uniti d'America, quale cristianesimo insegneremmo nelle nostre scuole, quello di chi? Quali passaggi delle Scritture dovrebbero guidare le nostre politiche pubbliche? Dovrebbe essere il Levitico, secondo cui la schiavitù va bene e mangiare i molluschi è un abominio? O forse il Deuteronomio, che invoca la lapidazione di un figlio che devia dalla fede? O dovremmo attenerci al Discorso della Montagna, passaggio così radicale dalla cui applicazione non credo uscirebbe indenne neppure il nostro ministero della Difesa? Perciò, prima di lasciarci trascinare, leggiamo le nostre bibbie. Nessuno legge più la sua bibbia.

Questo mi porta al mio secondo punto. La democrazia impone che quanti sono mossi da una motivazione religiosa traducano le loro istanze in valori universali piuttosto che specificamente religiosi. Essa richiede che le loro proposte siano soggette a discussione, e riconducibili alla ragione. Posso essere contrario all'aborto per motivi religiosi, ma se cerco di far approvare una legge che ne vieta la pratica, non posso semplicemente addurre gli insegnamenti della mia chiesa o evocare la volontà di Dio. Devo spiegare in che modo l'aborto vìola qualche principio condivisibile dalle persone di ogni fede, compresi coloro che non ne hanno una. Certo, la cosa risulta difficile per quanti credono nell'infallibilità della Bibbia, come nel caso degli evangelici. Ma in una democrazia pluralista, non abbiamo scelta. La politica dipende dalla nostra capacità di persuaderci a vicenda della bontà di obiettivi comuni basati su una comune realtà. Essa comporta il compromesso, l'arte del possibile. A certi livelli di radicalità, la religione non accetta il compromesso. Essa è l'arte dell'impossibile. Se Dio ha parlato, ci si aspetta che i fedeli vivano secondo le prescrizioni di Dio, indipendentemente dalle conseguenze. Basare la propria vita su una devozione così incondizionata potrà essere sublime, ma basare la nostra azione politica su una simile devozione sarebbe pericoloso.

In definitiva, qualunque riconciliazione tra la fede e il pluralismo democratico richiede un qualche senso della misura. Il che vale per entrambe le parti. Persino coloro che predicano l'infallibilità della Bibbia fanno distinzione tra le varie prescrizioni delle Scritture, poiché intuiscono che alcuni punti, i Dieci comandamenti per esempio, o la fede nella divinità di Cristo, sono essenziali nella fede cristiana, mentre altri sono più squisitamente culturali, e possono essere adattati alla vita moderna.

Il popolo americano comprende tutto questo in modo intuitivo, motivo per cui la maggioranza dei cattolici pratica il controllo delle nascite e alcuni di quelli che sono contrari al matrimonio gay sono egualmente contrari a un emendamento della Costituzione che lo vieti. Le gerarchie religiose non devono necessariamente accettare questa prudenza nel guidare il loro gregge, ma dovrebbero riconoscerla nell'attuazione delle politiche. Ma un senso della misura dovrebbe egualmente guidare coloro che presidiano i confini tra Chiesa e Stato. Non è vero che qualsiasi citazione di Dio in pubblico rappresenta una breccia nel muro di confine: il contesto ha la sua importanza. È alquanto discutibile che i bambini che recitano la «Promessa di Fedeltà»[4] si sentano oppressi o plagiati per aver mormorato la frase «sotto Dio»: a me non accadeva.

Perciò abbiamo tutti del lavoro da fare. Ma sono fiducioso che riusciremo a gettare un ponte sulle divergenze esistenti e che supereremo i pregiudizi che ognuno di noi si porta dietro in questo dibattito. E sono certo che milioni di credenti americani vogliono che ciò accada. Per quanto religiosa sia o non sia, la gente è stufa di vedere la fede utilizzata come un'arma d'offesa. Non vuole più che la fede venga usata per disprezzare o dividere. È stufa di sentire persone che fanno sproloqui più che sermoni. Perché in definitiva, non è questo il modo in cui essi percepiscono la fede nella loro vita.

Perciò voglio concludere con un altro episodio della mia precedente campagna elettorale. Pochi giorni dopo la vittoria come candidato democratico al Senato degli Stati Uniti, ricevetti una e-mail da un dottore della Scuola di Medicina dell'Università di Chicago che diceva così: «Congratulazioni per la sua schiacciante ed esaltante vittoria alle Primarie. Sono stato felice di votare per lei, e le dirò

[4] In originale, *The Pledge of Allegiance*: è la preghiera con la quale gli studenti delle scuole elementari pubbliche cominciano la giornata in classe. Nel 2007 una corte locale ha sentenziato che le parole «sotto Dio» dovessero essere cancellate per offesa alla libertà di culto garantita dalla Costituzione. Ne è seguita una violenta reazione, condotta dalla parte più conservatrice del paese ma non limitata ad essa, e chiusa da una sentenza della Corte Suprema che ha ripristinato la formula.

che sto seriamente considerando di votarla alle elezioni generali. Le scrivo per esprimerle i dubbi che alla fine potrebbero impedirmi di sostenerla». Il dottore si descriveva come un cristiano che considerava la sua devozione «totalizzante». La sua fede lo spingeva a una forte opposizione all'aborto e al matrimonio gay, anche se la stessa fede lo induceva a interrogarsi sull'idolatria del libero mercato e il ricorso sbrigativo al militarismo che sembravano caratterizzare gran parte del programma dei repubblicani. Ma la ragione per cui il dottore stava pensando di non votare per me, non era semplicemente la mia posizione sull'aborto. Piuttosto, aveva letto una dichiarazione riportata sul mio sito internet tra i punti della mia campagna elettorale, secondo cui mi sarei battuto contro «le ideologie di destra che vogliono sottrarre alla donna il diritto di scelta». Il dottore proseguiva scrivendo: «Ho l'impressione che lei abbia un forte senso della giustizia... e ho anche l'impressione che lei sia una persona obiettiva con un'alta considerazione della ragione... quali che siano le sue convinzioni, se lei pensa realmente che i contrari all'aborto sono tutti ideologi mossi dal perverso desiderio di infliggere sofferenze alle donne, allora io credo che lei non sia una persona obiettiva... Lei sa che viviamo in tempi gravidi di possibilità tanto nel bene che nel male, tempi in cui ci battiamo per dare un senso a una società civile in un contesto di pluralità, e ci interroghiamo su quali basi ancorare ogni istanza che coinvolga gli altri... non le chiedo a questo punto di opporsi all'aborto, ma solo di trattare l'argomento in termini imparziali». In termini imparziali.

E così controllai il mio sito internet e trovai le parole offensive. Per correttezza, va detto che il mio staff le aveva scritte ricorrendo alle tipiche formule democratiche per sintetizzare la mia posizione a favore dell'aborto durante le Primarie di partito, in un momento nel quale alcuni avversari ponevano in dubbio il mio impegno a proteggere «Roe contro Wade»[5]. Nel rileggere la lettera del dottore, però, provai un senso di vergogna: è la gente come lui che in questo paese tenta davvero un dialogo più profondo e autentico sulla religione. Può anche darsi che alla fine non cambi posizione, ma è gente disponibile ad ascoltare e a imparare da chi è disposto a parlare in termini imparziali; da chi sa quale posto centrale e solenne Dio abbia nella vita di tante persone e si rifiuta di trattare la fede semplicemente come l'ennesima istanza politica con cui guadagnare voti.

E così risposi al dottore ringraziandolo per il consiglio. Il giorno dopo, feci circolare la sua e-mail tra il mio staff e cambiai quanto scritto sul mio sito, per affermare in termini chiari ma semplici la mia posizione a favore dell'aborto. E quella sera, prima di andare a letto, dissi una preghiera tutta mia: pregai perché mi fosse dato di saper concedere agli altri la stessa presunzione di buona fede che il dottore aveva concesso a me. È una preghiera che penso di condividere con molti americani. La speranza di poter vivere fianco a fianco in un modo che sappia conciliare il credo di ognuno con il bene di tutti. È una preghiera che vale la pena di dire, e un discorso che vale la pena di fare in questo paese, nei mesi e negli anni a venire.

[5] È il procedimento giudiziario al termine del quale, nel 1973, la Corte Suprema dichiarò legale l'aborto.

Una giustizia uguale per tutti*

Settembre 2007

Poche altre università hanno avuto un ruolo tanto importante nell'abbattere le barriere di un tempo e sospingere il paese verso quegli ideali che vediamo incisi sui monumenti della città. È grazie a tali conquiste che un uomo di colore chiamato Barack Hussein Obama può essere oggi qui di fronte a voi in veste di candidato alla presidenza degli Stati Uniti. Non mi sono candidato per fare la storia da solo; mi sono candidato perché credo che insieme possiamo cambiare il corso della storia. Guardarci indietro e stupirci di quanta strada abbiamo fatto non basta; voglio guardare avanti con la «fiera urgenza» di chi sa che deve ancora fare tanta strada. Credo sia giunto il tempo per la nostra generazione di lasciare il segno, di scrivere il nostro capitolo della storia americana.

Chi è venuto prima di noi non si è battuto contro l'ingiustizia perché ne tollerassimo l'aggravarsi ai nostri giorni. Thurgood Marshall[1] non dette torto a Brown perché

* Discorso tenuto alla Howard University di Washington il 28 settembre 2007, in occasione della laurea *ad honorem*.

[1] È una delle figure più importanti nella storia del Movimento per i diritti civili. Come capo della Corte Suprema, nel 1954 firmò la sentenza con la quale veniva dichiarata illegale la discriminazione razziale nelle scuole, nel procedimento, divenuto celebre, *Brown v. Board of Education of Topeka*.

noi accettassimo un paese in cui troppi afroamericani finiscono in carcere, solo perché preferiamo spendere più soldi per mantenere in prigione un ragazzo di venticinque anni piuttosto che per dare un'istruzione a un bambino di cinque. Martin Luther King non ci ha portati in cima alla montagna perché lasciassimo che una terribile tempesta spazzasse via quelli rimasti bloccati a valle. Non si aspettava che ci fosse bisogno di una crepa negli argini[2] per far breccia nella nostra compassione; che servisse un uragano perché scoprissimo gli affamati che Dio ci chiede di nutrire, i malati che ci chiede di curare, e gli ultimi degli ultimi che ci chiede di trattare come noi stessi.

Sono sicuro che i nove ragazzi che varcarono la soglia di una scuola di Little Rock[3] non lo fecero perché altri studenti vedessero penzolare cappi in una scuola della Louisiana. È bene ricordare che questa settimana ricorre il cinquantesimo anniversario di Little Rock, perché quando finalmente le porte di quella scuola si aprirono, una nazione intera si levò. Il presidente inviò l'esercito degli Stati Uniti in difesa della giustizia. Il Congresso approvò la Legge sui diritti civili del 1957. Il Dipartimento di giustizia creò una sezione per i diritti civili e milioni di americani scesero in piazza nei mesi e negli anni successivi affinché altri studenti potessero varcare altre porte. Non furono scelte facili all'epoca. Alcuni misero in guardia il presidente Eisenhower dicendo che mandare l'esercito a Little Rock sarebbe stato un suicidio politico. La resistenza nei confronti di una riforma dei diritti civili era accanita. Sappiamo che chi marciò per la libertà lo fe-

[2] Allusione alla rottura degli argini a New Orleans, durante l'uragano Katrina, che distrusse gran parte del quartiere nero della città.

[3] Cfr. sopra, p. 90, nota 2.

ce correndo rischi per se stesso e per la sua famiglia, ma lo fece perché comprese che ci sono momenti della storia in cui il vero rischio è quello di non agire. Il vero rischio è lasciare che l'ingiustizia si rinnovi anno dopo anno, è ritrarsi e far finta che non sia successo niente. Il vero rischio è accettare le cose come sono, piuttosto che lavorare per come potrebbero essere. In un clima culturale dominato da mass media ossessionati da chi batte chi, a Washington, o da quanto tempo Paris Hilton passa in galera, questi momenti sono più difficili da distinguere. Ma di quando in quando si presentano. A volte sotto forma di un uragano, a volte di una farsa della giustizia come quella a cui abbiamo assistito a Jena, in Louisiana.

Alcuni si interesseranno soltanto alla rissa di Jena[4]. Ed è senz'altro vero che dobbiamo fare di più come genitori per infondere nei nostri figli l'idea che la violenza è sempre sbagliata: è sbagliata nelle strade di Chicago come nel cortile di una scuola della Louisiana. La violenza non è la risposta. E tutti noi sappiamo che c'è più violenza fra neri che fra neri e bianchi. La nostra comunità ha patito più di ogni altra la pigra, cronica tolleranza della violenza. La non violenza è stata l'anima del movimento per i diritti civili: dobbiamo impegnarci di più nell'insegnare quella virtù ai nostri figli.

[4] La cittadina di Jena, in Louisiana, è diventata il simbolo di un possibile rigurgito razzista. Nel settembre del 2006 un ragazzo nero sfida le convenzioni sociali stabilite e si siede ai piedi di un albero all'interno del giardino della scuola, zona riservata da sempre agli studenti bianchi. Il giorno dopo sullo stesso albero penzolano alcuni cappi, simbolo della violenza razzista del Ku Klux Klan. Sale la tensione e alcuni giorni dopo scoppia una rissa in cui un ragazzo bianco riceve un pugno sul volto che gli provoca ferite superficiali. La pressione dei professori e della maggioranza bianca della cittadina spinge il procuratore a formulare per i sei ragazzi neri che hanno preso parte alla rissa l'accusa di tentato omicidio.

Ma sappiamo anche che per comprendere veramente Jena dobbiamo guardare a ciò che è successo prima e dopo quella rissa. Dobbiamo ascoltare quegli odiosi insulti che riecheggiavano all'ingresso di quella scuola. Dobbiamo conoscere l'entità esatta dei danni provocati da quell'incendio; dobbiamo guardare quei cappi appesi all'albero del cortile della scuola, e dobbiamo capire in che misura il nostro sistema giudiziario abbia lasciato soli quei sei ragazzi nei giorni successivi alla rissa. Le accuse assurde, le condanne eccessive e irragionevoli, l'avvocato d'ufficio che non chiama a deporre un solo testimone. Così come Katrina ha svelato la povertà, Jena ha mostrato l'esistenza di palesi ingiustizie nel nostro sistema giudiziario, già presenti molto prima che scoppiasse una rissa in quella scuola. Ci ricorda che abbiamo un sistema che tiene in prigione per la parte migliore della vita troppi giovani che si macchiano per la prima volta di reati non violenti; decisione presa fin troppo spesso dai politici di Washington e delle capitali degli Stati di tutto il paese, piuttosto che da un giudice in un tribunale. Ci ricorda che ci sono sentenze fondate più sulla provenienza o l'aspetto dell'imputato che sul tipo di crimine commesso. Ci ricorda che abbiamo un Dipartimento di giustizia che intende perseguire le violazioni dei diritti civili revocando appositi programmi[5] nelle nostre università; un Dipartimento di giustizia che intende perseguire i brogli elettorali cercandoli nella comunità nera e in quella latinoamericana, dove non esistono. E voi sa-

[5] Nel testo *affirmative action programs*. Si tratta di programmi che puntano a riequilibrare una mancanza di pari opportunità a discapito di una minoranza. In questo caso riguarda gli studenti di colore che grazie a tali programmi godono ad esempio di un accesso a borse di studio universitarie appositamente create per loro.

pete invece che tali ingiustizie esistono. Noi siamo consapevoli di questi errori. Eppure passano quasi sempre inosservati finché la gente non trova il coraggio di protestare e di dire che si tratta di errori, e finché qualcuno non dice: è ingiusto che dopo aver messo a repentaglio la sicurezza nazionale Scooter Libby[6] non sconti neanche un giorno di prigione, mentre uno studente modello di ventun'anni sta chiuso in un carcere della Georgia per qualcosa che non può neanche definirsi un crimine.

Non sempre è facile uscire allo scoperto e dire queste cose. Mi complimento con quelli fra voi della Howard University che hanno espresso solidarietà ai sei di Jena o che hanno partecipato alla manifestazione in Louisiana. So quanto ci si può sentire soli quando si manifesta contro questo genere di ingiustizie. So che non è affatto piacevole. Perché quando ero senatore dello Stato dell'Illinois il nostro sistema giudiziario aveva condannato a morte tredici persone innocenti – tredici uomini innocenti che noi tutti conoscevamo. Io volevo riformare quel sistema, e quasi tutti mi dicevano che era impossibile, che non sarei mai riuscito a far lavorare insieme agenti di polizia e attivisti per i diritti civili, democratici e repubblicani, per giungere a un accordo che prevedesse l'utilizzo di confessioni videoregistrate in modo da garantire che non fossero estorte. Mi dicevano che il rischio politico era

[6] È l'ex capo gabinetto del vicepresidente Cheney, condannato per aver rivelato (azione considerata reato penale per la legge americana) nel 2003 l'identità di agente Cia della moglie del diplomatico Joseph Wilson, che testimoniò con una sua missione e con un successivo articolo sul «New York Times» che erano false le accuse a Saddam Hussein di aver commissionato al Niger elementi per l'assemblaggio di materiale nucleare. Condannato a due anni e mezzo di reclusione nel 2007, Libby è ancora libero, e il presidente Bush non ha escluso che possa graziarlo prima di lasciare la Casa Bianca.

troppo alto, e che lo avrei scontato una volta ottenuto un incarico più importante. Ma io ero convinto che il rischio maggiore fosse non fare niente. E dopo un po', persone con punti di vista diversi cominciarono a radunarsi e ad ascoltare. Alla fine abbiamo riformato quel sistema, e lo stesso è accaduto con l'approvazione della legge contro i profili razziali nelle indagini[7].

Dunque, non permettete a nessuno di dire «il cambiamento è impossibile». Non lasciate dire a nessuno che parlare di ingiustizia e protestare è troppo rischioso. Il vero rischio è rimanere in silenzio. Il vero rischio è voltarsi dall'altra parte. Non voglio ritrovarmi qui fra quattro anni a parlare di un'altra Jena, solo perché oggi non abbiamo avuto il coraggio di fare niente. Non voglio che sia un'altra storia destinata a finire nel dimenticatoio, una volta spente le telecamere e ingialliti i titoli dei giornali. È tempo di cercare una nuova alba per la giustizia in America.

Dal giorno in cui entrerò in carica come presidente degli Stati Uniti, l'America avrà un Dipartimento di giustizia davvero consacrato alla giustizia, al lavoro che ebbe inizio nei giorni successivi a Little Rock. Libererò il dipartimento dalle ideologie e dagli amici degli amici, e per la prima volta in otto anni, nella divisione che si occupa dei diritti civili, ci saranno davvero avvocati che si battono per difenderli, per punirne le violazioni, e perseguire le discriminazioni sul lavoro e i crimini razziali.

E ci sarà un ufficio elettorale che difenderà davvero il diritto che ogni americano ha di votare senza il timore di brogli o di intimidazioni. Quando vedremo nei nostri quartieri volantini che indicano il giorno sbagliato per an-

[7] Il Racial Profile è la prassi per cui un reato viene commesso contro qualcuno per ostilità verso il gruppo etnico al quale appartiene.

dare a votare, non sarà più un'ingiustizia ma un reato. Come presidente degli Stati Uniti lavorerò ogni giorno affinché il paese abbia un sistema giudiziario che infonda fiducia in tutti gli americani, al di là di ogni differenza di età, di razza o di provenienza.

Non c'è motivo per cui una persona accusata di un crimine non debba contare su un avvocato d'ufficio qualificato che la difenda. Recluteremo più difensori civici concedendo prestiti per il college e le scuole di legge. Inviterò i più brillanti cervelli di Howard ad approfittare di questa offerta. Non c'è ragione per cui non possiamo far approvare una legge contro il *racial profile* come quella varata in Illinois, o spingere gli Stati a riformare la pena capitale in modo da evitare che degli innocenti finiscano nel braccio della morte. Quando sarò presidente, non accetterò più la falsa scelta fra l'inflessibilità contro il crimine e il perseguimento della giustizia. Martin Luther King disse: «Né l'uno né l'altro, ma tutti e due». Alla comunità nera sta a cuore eliminare il crimine. Noi vogliamo essere inflessibili in fattto di violenza. Ma sulla sicurezza vogliamo avere una politica che sia allo stesso tempo dura e intelligente. Se uno è condannato per un reato di droga, è ovvio che debba essere punito. Ma non è giusto che una condanna per crack sia più severa di una per cocaina, quando sappiamo che la vera differenza sta nel *chi* usa e *dove* queste sostanze. I repubblicani sostengono che è sbagliato, i democratici pure, eppure i presidenti di entrambi gli schieramenti hanno consentito tutto ciò, perché nessuno ha voluto affrontare le politiche e riformarle. Ma io lo farò, quando sarò presidente degli Stati Uniti.

Penso sia giunto il momento di interrogarsi sul senso di alcune condanne a decine di anni di carcere per chi faccia uso di droga per la prima volta e non si macchi di reati di violenza. C'è stato chi ha detto, testuali parole: «Non sono convinto che condannare chi fa uso di droga per la prima volta sia il modo migliore per riempire le carceri, e/o per aiutarlo a curarsi». Sapete chi l'ha detto? George W. Bush, sei anni fa. Non mi capita spesso, ma in questo caso sono d'accordo con lui. La differenza è che lui non ha fatto niente al riguardo. Io farò qualcosa, quando sarò presidente degli Stati Uniti. Rivedremo queste sentenze per capire se possiamo essere più efficaci contro il crimine e limitare la detenzione insensata e controproducente per i trasgressori non violenti. Daremo a chi compie il primo reato per droga senza violenza la possibilità di scontare la pena in luoghi idonei, nell'ambito di quei programmi di recupero che hanno mostrato maggiore efficacia rispetto al carcere, nel correggere comportamenti errati e nel ridurre il rischio di reiterazione. Per questo, dobbiamo riformare il sistema. Dobbiamo fare la scelta più efficace. Dobbiamo fare la cosa giusta.

Non c'è dubbio che con simili decisioni ristabiliremo in America misure di giustizia ed equità. Ristabiliremo anche la fiducia del popolo americano in un sistema che non soltanto funzioni, ma che funzioni per tutti. Ma c'è una questione più ampia che vorrei affrontare. Se avrò l'opportunità di guidare questo paese, sarò in ogni circostanza un presidente che ascolta la vostra voce e comprende le vostre preoccupazioni. Un presidente con una storia simile a quella di molti di voi; con una vita spesa nella dedizione totale alla nostra lunga marcia verso la giustizia. Io vi difenderò, mi batterò per voi, e ogni giorno mi sveglierò pensando a cosa posso fare per rendere la vostra vita migliore.

La verità, però, è che un uomo non basta per dar vita a un movimento. Nessuna legge può cancellare il pregiudizio dal cuore di un ragazzo che appende un cappio a un albero, o l'insensibilità di un procuratore che trascura la giustizia per inseguire la vendetta. Nessun leader, per quanto scaltro, esperto o ispirato, può impedire a degli adolescenti di uccidere altri adolescenti per le strade delle nostre città, o liberare i nostri quartieri dal dramma dei senzatetto, o trasformare in realtà la promessa di maggiori opportunità ed equità per ogni cittadino.

Solo un paese intero può fare tutto ciò. Solo questo paese può farlo. Ecco perché se mi darete l'opportunità di servire questa nazione, la cosa più importante che farò da presidente sarà chiedere anche a voi di servire questo paese. La cosa più importante che farò sarà invitarvi ogni giorno ad assumervi un rischio, e a dare il vostro contributo per far avanzare questo movimento. Di fronte a ostacoli impossibili e al peggiore cinismo vi chiederò di credere che si può raddrizzare ciò che di storto c'è in America. Lo dico rivolgendomi in particolare ai giovani che oggi mi ascoltano. So che anche voi pensate che si può fare. La cosa più confortante nella reazione ai fatti di Jena è che tutto è cominciato senza l'intervento di un qualche leader. L'appello si è diffuso attraverso le migliaia di navigatori in internet, le radio della comunità nera e i campus di università come Howard. E voi, come i giovani americani di un'altra epoca, avete lasciato le vostre case, siete saliti sui pullman e vi siete messi in viaggio verso sud. E lo stesso era successo due anni prima, quando americani di ogni ceto e provenienza si erano dati da fare per salvare una città che affondava. È così che sopraggiungono sempre il vero cambiamento e la vera giustizia. Serve un movimento per sollevare una nazione. Ci vorrà un movimento per girare le città e dire che non è sufficiente migliorare la giustizia criminale; e che ciò di cui abbiamo davvero bisogno è, in primo luogo, la certezza che i nostri figli non ci restino impigliati dentro.

È tempo di portare a termine ciò che abbiamo iniziato a Topeka in Kansas, e a Little Rock in Arkansas. Ci vorrà un movimento a cui partecipi ogni americano di ogni paese e di ogni città, di ogni razza e provenienza per dire: «Non conta che faccia ha né da dove viene, ma ogni bambino deve avere in America l'opportunità di ricevere la migliore istruzione che il paese può offrire. Ogni bambino». Recluteremo un esercito di nuovi insegnanti e li pagheremo meglio, dando loro maggior sostegno. Ci vorrà un movimento per garantire a ogni giovane la possibilità che Howard ha offerto a voi, per affermare che all'inizio del XXI secolo l'istruzione superiore non è un lusso per chi può permetterselo, ma un diritto acquisito con la nascita per ogni singolo americano.

E allora quando tornerete alle vostre lezioni o nelle vostre camerate per cominciare un nuovo anno universitario, vi chiedo di ripensare a quanta strada abbiamo fatto, ma soprattutto a dove dobbiamo ancora arrivare. E vi esorto a pensare ai rischi che vi assumerete e al ruolo che avrete in quel movimento che ci porterà fin laggiù.

Come affrontare il cambiamento climatico e la questione energetica*

Ottobre 2007

Due settimane fa, i rappresentanti di alcuni dei paesi con maggiori emissioni di gas serra sono stati invitati a Washington dal presidente per una conferenza globale sul cambiamento climatico. Per un po', c'è stata la speranza che magari questa conferenza sarebbe stata diversa, che forse l'America si sarebbe finalmente impegnata a compiere quei passi che quasi tutti gli scienziati e gli esperti ritengono vadano fatti; e che forse l'unica superpotenza mondiale avrebbe finalmente guidato, o almeno seguito, il mondo nell'affrontare la più grande minaccia per il pianeta. E invece, il mondo ha percorso le mille miglia fino a Washington solo per scoprire che Washington è ancora distante mille miglia dal mondo rispetto all'intento di far fronte a una delle sfide più urgenti per la nostra generazione. Alcuni degli intervenuti si sono detti sconcertati dall'isolamento che ha caratterizzato la posizione della Casa Bianca. Altri hanno completamente azzerato la credibilità del presidente. E un altro osservatore ha sottolineato che, quando prende parte al dibattito globale sul cambiamento climatico, il nostro paese fa fatica persino a guadagnarsi l'attenzione.

* Discorso tenuto a Portsmouth, New Hampshire, l'8 ottobre 2007.

Questa non è l'America che conosciamo. Non è l'America in cui crediamo. Siamo una nazione che ha guidato il mondo sin da quando un'umile banda di coloni ha dimostrato che la libertà poteva trionfare sulla tirannia. Siamo il paese che ha invocato il coraggio del suo popolo per costruire un arsenale di democrazia capace di liberare un continente e di portare la pace in un mondo in guerra. Siamo una terra di sbarchi sulla luna e di miracoli della scienza e della tecnologia che hanno toccato la vita di milioni di persone in tutto il pianeta. E quando questo pianeta è soggetto a una sfida o a una minaccia, gli occhi del mondo si sono sempre rivolti a questa nazione come all'«ultima e più fondata speranza della Terra».

È questa l'America che voglio guidare come presidente. E credo che quando sarà il momento di determinare il vero futuro della vita sulla Terra, noi saremo ancora la più fondata speranza della Terra. E quando il mondo verrà all'ingresso della Casa Bianca per sentire che cosa l'America ha da dire sul cambiamento climatico, io risponderò che l'America accetta la sfida. Che l'America è di nuovo pronta a fare da guida. Sull'energia non siamo rimasti indietro per mancanza di iniziativa o di intraprendenza del popolo americano: ho visto così tanta innovazione e capacità in questo paese, da saperlo.

Ma Washington non ha agito, e questa è la vera ragione per cui l'America non ha più fatto da guida. Il fallimento di Washington sul tema dell'energia è il fallimento di un presidente che ha passato gran parte del tempo nel suo ufficio a negare l'esistenza stessa del surriscaldamento globale, un presidente che ha riposto più fiducia nelle frasi ad effetto di uno scrittore di fantascienza che nei dati certi degli esperti veri. È il fallimento di un'amministrazione che ha sviluppato la politica energetica dell'America con una task force segreta che ha spalancato le porte alle lobby del petrolio e le ha richiuse di fronte a qualunque altro punto di vista. È il fallimento di una leadership che non ha mai chiesto al popolo americano nient'altro che andare a fare shopping.

Ed è anche il fallimento della nostra politica precedente alla presidenza di George W. Bush. Abbiamo sentito promesse sull'autonomia energetica da ogni presidente degli Stati Uniti sin dai tempi di Richard Nixon, non importa se democratico o repubblicano. Abbiamo sentito proposte per ridurre il nostro ricorso ai combustibili fossili in quasi tutti i discorsi sullo stato dell'Unione sin dai tempi dell'embargo petrolifero del 1973. All'epoca importavamo circa un terzo del nostro petrolio, ora ne importiamo più della metà. Allora il surriscaldamento globale era solo la teoria di qualche scienziato, ora è un dato di fatto che minaccia la nostra stessa esistenza.

La verità è che il nostro problema energetico è diventato una crisi energetica perché, quali che fossero le buone intenzioni della promessa, e l'audacia della proposta, siamo rimasti tutti vittime della politica di Washington che è diventata solo più conflittuale e disonesta, più pavida e interessata, più soggetta ai potenti interessi che puntano tutto sullo *status quo*. In questa corsa alla presidenza ci sono coloro che sostengono seriamente che più tempo si passa immersi nella politica corrotta di Washington, più si ha la possibilità di cambiarla. A me la cosa è sempre sembrata alquanto buffa. So che il cambiamento fa sempre gioco in una buona retorica elettorale, ma quando quelli hanno avuto l'opportunità di realizzare davvero il cambiamento, non lo hanno guidato: quando hanno avuto l'occasione di alzarsi e chiedere ai costruttori d'auto di migliorare le prestazioni nei consumi, si sono rifiutati; quando hanno avuto più volte l'occasione per ridurre la nostra dipendenza dal petrolio estero investendo in carburanti alternativi che possiamo letteralmente coltivare qui in America, hanno detto no.

Io so che alcune di queste scelte sono politicamente difficili. Non sono facili. Ma fare il presidente degli Stati Uniti non vuol dire fare le cose facili. Vuol dire fare ciò che è arduo. Vuol dire fare ciò che è giusto. Stare al comando non significa dire alla gente quel che la gente vuol sentire – ma dire quel che è necessario dire.

Quando sono arrivato al Senato degli Stati Uniti, volevo fare tutto il possibile per avviare un reale progresso verso l'autonomia energetica. Ho stretto alleanze con l'altro partito per far passare una legge che avrebbe dato a più americani la possibilità di fare il pieno di bio-combustibili puliti nelle loro auto. Ho votato una legge che finanzierà la ricerca necessaria per produrre un'auto in grado di fare 500 miglia con un gallone di benzina. Ho anche votato per un disegno di legge sull'energia – che pure è tutt'altro che perfetto – perché sono riuscito a fare in modo che prevedesse anche reali investimenti in fonti di energia alternativa. E mi sono battuto per tagliare la riduzione delle tasse alle compagnie petrolifere che erano state inserite di soppiatto in quel provvedimento, compagnie che negli ultimi dieci anni hanno speso mezzo miliardo di dollari per fare lobby nel Congresso mentre i loro profitti hanno toccato cifre record.

E ho fatto anche qualcos'altro. Sapevo che da vent'anni a questa parte l'America non ha migliorato le prestazioni in consumi delle auto, pur avendo la tecnologia a portata di mano, e anche se le compagnie automobilistiche giapponesi che producono macchine più efficienti nei consumi stringono sempre più il cerchio attorno alle nostre fabbriche, e noi continuiamo a versare centinai di milioni di dollari al giorno ad alcuni dei regimi più pericolosi del mondo in cambio del loro petrolio.

Così ho deciso di tentare qualcosa di nuovo. Ho stretto alleanze con colleghi dell'altro partito per far approvare un programma in grado di migliorare le prestazioni nei consumi, che ha ottenuto il sostegno di legislatori che non avevano mai appoggiato prima questa causa. E non ne ho solo parlato in un discorso tenuto davanti a un pubblico di ambientalisti in California: sono stato a Detroit, ho preso la parola di fronte a un gruppo di produttori d'auto, e ho detto loro che quando sarò presidente non ci saranno più scuse: noi li aiuteremo a riorganizzare i loro stabilimenti, ma loro dovranno fabbricare auto che utilizzino meno carburante. E devo ammettere che la sala è rimasta molto tranquilla. Ma ho detto quel che ho detto perché credo che l'America ne abbia abbastanza di politici che dicono solo quello che uno vuole sentirsi dire. Dobbiamo dire alla gente la verità. E la verità è che non possiamo più permettere che le stesse vecchie politiche ci sbarrino la strada del nostro futuro.

Non possiamo più permetterci la solita esitazione quando è in gioco il futuro della nostra sicurezza. Sappiamo che il denaro che l'America spende per il petrolio estero continua a finanziare entrambi i fronti della guerra del terrore; quel denaro paga tutto, dalle madrasse che piantano i semi del terrore nelle giovani menti, ai ribelli sunniti che attaccano le nostre truppe in Iraq. Sappiamo che quel denaro corrompe floride democrazie e consente ai dittatori di regimi nemici di minacciare la comunità internazionale; e offre pure un bersaglio a Osama bin Laden, che ha detto ad al Qaeda di «concentrare le vostre operazioni sul petrolio, poiché questo farà sì che [gli americani] si estinguano da soli».

Non possiamo aver paura di fronteggiare l'industria del petrolio e delle auto quando è in gioco il futuro della nostra economia. Se lasciamo queste compagnie nei guai, se non diciamo loro che devono migliorare le prestazioni nei consumi o che devono gestire il passaggio ai carburanti rinnovabili, questo potrà gonfiare i loro profitti a breve termine, ma di fatto sottrae loro ogni possibilità di sopravvivenza a lungo termine e mette a repentaglio troppi posti di lavoro americani. Il mercato globale sta già prendendo le distanze dai combustibili fossili. La domanda non è se una nuova economia dell'energia rinnovabile potrà prosperare in futuro, ma è dove ciò accadrà. E se vogliamo che quel posto siano gli Stati Uniti d'America, non possiamo più permetterci di aspettare ancora.

Soprattutto, non possiamo più permetterci questa stessa pavida politica quando è in gioco il futuro del nostro pianeta. Il surriscaldamento della terra non è un problema di chissà quando, è adesso. Nel 2050 la carestia potrebbe costringere più di 250 milioni di persone a lasciare le proprie case, carestia che aumenterà le occasioni di guerra e conflitto in molti degli Stati più deboli del mondo. Le calotte polari si stanno sciogliendo più rapidamente di quanto la scienza avesse previsto. E se non facciamo nulla, il livello del mare si alzerà a tal punto da inghiottire pezzi consistenti di ogni città costiera.

Non è questo il futuro che io voglio per le mie figlie. Non è il futuro che nessuno vuole per i propri figli. E se agiamo ora e agiamo con coraggio, non avverrà. Ma se aspettiamo ancora; se lasciamo che altre promesse elettorali e altri impegni solenni nei discorsi alla nazione restino lettera morta per un altro anno; se lasciamo che la stessa politica corrotta che ci ha tenuto al palo per decenni vinca di nuovo, perderemo un'altra occasione per salvare il pianeta. E non è detto che ce ne siano molte altre.

Io rifiuto questo futuro. Non sarei in corsa per la presidenza se non credessi che questa volta può essere diverso. Non perché io abbia qualche soluzione perfetta che tutti gli altri esperti o candidati si sono lasciati sfuggire. Non perché pensi di potermi chiudere alla Casa Bianca con una task force segreta e fare tutto quanto da solo. Ma perché credo che il popolo americano sia pronto per un presidente che sappia radunarci di nuovo attorno a un comune obiettivo. Io credo che siamo pronti per tornare alla guida del mondo.

Ma non bisogna fraintendere: sviluppare la prossima generazione di energie sarà una delle sfide più grandi che questa generazione di americani affronterà. Non sarà facile. Non avverrà a costi zero e senza sacrifici. E se qualcuno prova a dirvi il contrario, è perché prende in giro se stesso o cerca di prendervi in giro.

Da presidente fisserò obiettivi ambiziosi per questo paese, così alti che la tecnologia in grado di realizzarli non esiste ancora. Ma questo in passato non ci ha mai bloccato. Quando i consiglieri del presidente Roosevelt lo informarono che i suoi obiettivi per la produzione bellica erano impossibili da raggiungere, lui li mise a tacere dicendo: «Credete a me, è una produzione che il popolo può reggere se ci prova davvero». E così fu. Quando gli scienziati e gli ingegneri dissero a John F. Kennedy che non avevano idea di come mandare un uomo sulla luna, lui rispose che un modo l'avrebbero trovato. E così fu. Io credo che lo faremo ancora.

Oggi voglio elencare una serie di proposte che consentiranno all'America di guidare il mondo nella lotta al cambiamento climatico globale. Dal momento in cui mi insedierò nella carica di presidente, chiamerò scienziati e imprenditori, capi d'industria e del sindacato, democratici, repubblicani e americani di ogni provenienza, a contribuire allo sviluppo e allo spiegamento delle energie di nuova generazione che ci consentiranno di costruire l'economia della prossima generazione. Dopotutto, è stato proprio andando incontro alle sfide delle nuove generazioni, che non solo abbiamo messo fine a una guerra dispendiosa e abbiamo battuto i sovietici nella corsa sulla luna, ma abbiamo anche liberato opportunità che non ci eravamo mai sognati prima. Il GI Bill[1] ha pagato gli studi a un'intera generazione di americani, mio padre compreso, formando la futura classe media. Legioni di scienziati e di ingegneri son venuti fuori dalla corsa allo spazio e le loro scoperte e innovazioni hanno cambiato il mondo per sempre.

Quelle stesse opportunità le abbiamo oggi. Ecco perché il mio programma non consiste solo nel rendere cara l'energia sporca, ma nel rendere accessibile quella pulita, un progetto che creerà milioni di nuovi posti di lavoro e nuove industrie proprio qui in America.

Il primo passo per fare tutto questo è eliminare gradualmente un'economia basata sul carbone che è la causa del cambiamento climatico. Da presidente, fisserò un tetto rigido a tutte le emissioni di carbonio al livello che gli

[1] Il *GI Bill of Rights* fu introdotto dal presidente Roosevelt nel 1944 per garantire ai veterani di guerra fondi per frequentare l'università o corsi di formazione professionale.

scienziati ritengono necessario per contenere il surriscaldamento globale: una riduzione dell'80% entro il 2050. Metterlo in pratica non è uno scherzo, e mi impegnerò per degli obiettivi intermedi previsti per il 2020, il 2030 e il 2040. Queste riduzioni cominceranno subito, e continueremo a seguire le indicazioni dei migliori scienziati per esser certi che i nostri obiettivi siano adeguati alla sfida che affrontiamo.

Oltre a rispettare questo tetto, i soggetti inquinanti dovranno pagare un prezzo in base alla quantità di emissioni che rilasceranno nell'aria. Sarà il mercato a fissare questo prezzo, ma a differenza delle altre opinioni su questo tema presenti nel dibattito elettorale, io assicuro che nessuna impresa potrà emettere gas serra a costo zero.

Le imprese non sono padrone del cielo, la collettività sì, e se vogliamo che smettano di inquinare dobbiamo fissare un prezzo per ogni forma di emissione. È tempo che il modo più pulito di fare impresa diventi anche il modo più redditizio.

Non c'è dubbio che questa transizione nel breve periodo sarà costosa. Per facilitarla, daremo assistenza agli americani che ne avranno bisogno per pagare le bollette. Aiuteremo le famiglie a rendere le loro case più efficienti rispetto all'energia, e aiuteremo gli operai e le imprese a rinnovare i loro strumenti per poter competere e prosperare in un'economia ad energia pulita. E una volta che avremo reso l'America più efficiente dal punto di vista energetico, e cominceremo a produrre energia rinnovabile, risparmieremo denaro e nel lungo periodo potremo ridurre i costi per l'energia. Ma dobbiamo agire subito.

Una volta resa costosa l'energia sporca, il secondo passo del mio programma sarà investire 150 miliardi di dollari in un decennio per garantire lo sviluppo e l'impiego di energia pulita e a buon mercato. Il che dà il via alla prossima generazione di bio-combustibili. Sappiamo che l'etanolo ricavato dal mais è il combustibile alternativo più efficace che abbiamo mai sviluppato. Io sono stato un paladino dell'etanolo. In soli due anni, il Protocollo per i combustibili rinnovabili che ho contribuito ad approvare ha avviato un'espansione storica della produzione di etanolo. Esso ha favorito la riduzione del petrolio estero e il rafforzamento della nostra economia rurale. E dovremmo contrastare i tentativi della grande impresa petrolifera e agricola di indebolire questa industria emergente. Ma la verità è che l'etanolo ricavato dal mais non è la risposta perfetta né definitiva alla nostra sfida energetica. Ci sono legittimi interessi economici ed ecologici che ruotano attorno a una sopravvalutazione dell'etanolo. Ma pur raddoppiandone o triplicandone la produzione, si riuscirebbe a coprire solo un decimo della nostra domanda di benzina.

Ecco perché dobbiamo investire nella prossima generazione di bio-combustibili avanzati come l'etanolo cellulloso ricavabile da scarti di paglia e di truciolato. Le cartiere in difficoltà del New Hampshire potrebbero tornare a essere competitive se potessero utilizzare il legno per produrre bio-combustibili. Dovremo fissare l'obiettivo di produrre i primi due miliardi di galloni di bio-combustibili avanzati entro il 2013. E dovremo garantire che sempre più imprese e raffinerie locali abbiano l'opportunità di rientrare in questo nuovo ciclo industriale.

Investiremo anche in fonti di energia pulita come quella eolica e quella solare, in modo che entro il 2025 l'America possa raggiungere l'obiettivo di ricavare il 25% di tutta l'elettricità da fonti rinnovabili.

E dovremo pure trovare un modo per evitare che il carbone continui a inquinare l'atmosfera, ma senza per questo pretendere che la nostra più grossa fonte di energia semplicemente sparisca. Non può essere. Occorreranno anche misure per garantire che le emissioni di carbone della Cina siano altrettanto contenute. Già adesso, una certa dose di inquinamento derivante dagli impianti sporchi della Cina sta interessando la California. Ecco perché dobbiamo investire in tecnologie pulite a carbone da utilizzare in casa ma anche da condividere col resto del mondo. Finché tali tecnologie non saranno disponibili, ci affideremo al tetto per le emissioni e a tutti gli strumenti necessari per impedire che vengano costruiti in America nuovi impianti a carbone, compreso il divieto di nuove estensioni delle tradizionali facilitazioni per il carbone.

Esploreremo anche vie più sicure per utilizzare l'energia nucleare, che già adesso assicura più del 70% della nostra energia non generata da carbone. Dovremo accelerare la ricerca di tecnologie che consentano lo smaltimento più sicuro per le scorie nucleari.

Molte di queste tecnologie pulite – dai bio-combustibili all'energia solare, al contenimento del carbone – sono attualmente in via di sviluppo nei laboratori di ricerca di tutta l'America. Il problema è che non potranno andare mai più in là di così. I *venture capitals* fanno un ottimo lavoro nel finanziare ricerca e sviluppo, ma non si fa abbastanza per ridurre il rischio nell'inserimento delle nuove scoperte in un mercato più ampio. E così assistiamo a nuove tecnologie che pur essendo state inventate qui in America, come le turboeliche, i pannelli solari e le lampade compatte fluorescenti, si sviluppano oltreoceano per poi essere rivendute ai consumatori americani.

Tutto questo cambierà, quando sarò presidente. Lancerò un Fondo di investimento per le tecnologie pulite che garantirà 10 miliardi di dollari all'anno in cinque anni per ricavare le più promettenti tecnologie a energia pulita in circolazione. Questo Fondo porterà le nuove tecnologie dai laboratori sul mercato, cosicché nei prossimi cinque anni l'economia americana possa beneficiare delle innovazioni d'America.

Il terzo passo nel mio programma per combattere il cambiamento climatico è un appello alle impresa, al governo e al popolo americano affinché rendano l'America il 50% più efficiente nei consumi entro il 2030. Si tratta in assoluto del modo più veloce, più facile ed economico per ridurre le emissioni e al tempo stesso risparmiare denaro. Da quando la DuPont ha avviato il suo programma di efficienza energetica nel 1990, la compagnia ha significativamente ridotto le sue emissioni inquinanti e ridotto i costi per l'energia di 3 miliardi di dollari; e città come Keene nel New Hampshire e Portland nell'Oregon, sono state le prime a raggiungere i nuovi livelli di efficienza. Non c'è ragione per cui il resto dell'America non possa fare altrettanto. Cominceremo col migliorare sensibilmente l'efficienza dei nostri edifici, che mediamente producono quasi la metà del totale di emissioni di carbonio d'America. Quando sarò presidente, fisseremo l'obiettivo di rendere, in pochi anni, i nuovi edifici il 50% più efficienti. Il governo federale guiderà le fila rendendo ecocompatibili tutte le sue sedi entro il 2025. E fisserò l'obiettivo nazionale di rendere ecocompatibili tutti gli edifici in America entro il 2030.

Cominceremo pure a sostituire la nostra vecchia rete elettrica con una rete digitale veloce, in modo da non disperdere energia preziosa e miliardi di dollari come è avvenuto nel black-out di New York del 2003. Seguiremo le orme di Stati come la California e cambieremo il modo nel quale le aziende di servizio guadagnano, affinché i profitti non siano legati a quanta energia utilizziamo, ma a quanta ne risparmiamo. Infine, sappiamo tutti che basterebbe che in ogni casa americana si sostituissero appena cinque lampade a incandescenza con altrettante compatte fluorescenti per abbattere il fabbisogno di ventuno impianti energetici. Ma faremo anche di meglio. Firmerò subito una legge che comincerà a eliminare tutte le lampade a incandescenza, una misura che farà risparmiare ai consumatori americani 6 miliardi all'anno sulla bolletta della luce.

Tuttavia, nessuno di questi passi si realizzerà dalla sera alla mattina. Occorrerà del tempo, ci vorranno sacrifici e un impegno consistente da parte del popolo americano. Da presidente, guiderò questo impegno. Non proclamerò questi obiettivi nel discorso sullo stato dell'Unione per poi svicolare quando si dimostreranno troppo difficili, ma relazionerò al popolo americano ogni anno sullo stato dell'energia del futuro, per aggiornarvi sui progressi che avremo fatto verso una riduzione dell'80% delle emissioni entro il 2050, la sostituzione di oltre un terzo del nostro consumo di petrolio entro il 2030, il miglioramento della nostra efficienza energetica del 50% entro il 2030. Farò anche della sicurezza energetica dell'America un caposaldo della nostra sicurezza nazionale, preparando il nostro esercito a fronteggiare le minacce poste dal cambiamento climatico.

E c'è un altro passo che farò appena possibile. Appena assumerò il mio incarico, inviterò il mondo a tornare a Washington per rendere noto che l'America è pronta per tornare a guidare. Che siamo pronti a unirci di nuovo alla comunità delle nazioni per far fronte alle più grandi sfide di questa generazione.

Andrò io stesso dai governanti dei paesi con maggiori emissioni di carbonio del mondo sviluppato e di quello sottosviluppato, per chiedere che si uniscano all'America nel dar vita a un Forum per l'Energia globale che porrà le basi per la nuova generazione di protocolli sul clima. Il che farà da complemento – per poi fondersi – al più ampio processo di negoziazione in sede Onu per sviluppare un programma post-Kyoto. Mi terrò in costante contatto con questi governanti per sviluppare obiettivi concreti per le emissioni che siano realistici per tutti. Lavoreremo anche per costruire un'alleanza dei paesi importatori di petrolio che operi per ridurre la nostra domanda, così come i paesi dell'Opec concordano strategie sul piano dell'offerta.

E mentre svilupperemo nuove forme di energia pulita qui in patria, condivideremo le nostre tecnologie e le innovazioni con tutte le nazioni del mondo. Se in America si può costruire un impianto a carbone pulito, la Cina dovrebbe poter fare altrettanto. Se noi troviamo un modo per coltivare la prossima generazione di bio-combustibili, l'India potrà farlo a sua volta. E mentre combatteremo il sottosviluppo nei paesi poveri, impiegheremo le nostre conoscenze per aiutarli a ridurre gli impatti negativi del cambiamento climatico e costruire un futuro di energia pulita.

Di recente, il direttore di un'impresa non-profit che opera nella promozione di politiche per l'energia pulita in Cina, mi ha detto che la domanda più ricorrente di fronte alle sue proposte è: «Se funziona così bene, perché non lo fate anche da voi?». Ed è la domanda più difficile a cui rispondere. Infatti, ha aggiunto: «Possiamo indicare il buon esempio di qualche stato americano, di qualche città o compagnia che sta innovando… ma non possiamo indicare l'America».

Credo sia tempo che il mondo torni a indicare l'America. Voglio che l'ingegnere di New Delhi indichi i nostri edifici ecocompatibili come il modello da realizzare nel suo paese. Voglio che il produttore di auto di Tokyo indichi le nostre automobili come modello per il mondo intero. Voglio che i governanti dell'Europa e dell'Asia, dell'Africa e del Sud America indichino la nostra diplomazia, la nostra determinazione e la nostra intraprendenza come un faro capace di guidarci tutti verso un futuro di energia nuova.

E soprattutto, voglio che i nostri figli e i figli dei nostri figli indichino questa generazione e questo tempo come l'epoca in cui l'America ha ritrovato la sua strada. L'epoca in cui l'America ha superato le divisioni, le politiche e le meschinità dell'era precedente, affinché una nuova generazione possa restare unita e affrontare la sfida più urgente del nostro tempo. Io sono in corsa per la presidenza degli Stati Uniti per guidare noi tutti verso questa nuova era, e chiedo a tutti voi di unirvi a me nell'affrontare la sfida che ci aspetta.

Il nuovo sogno americano*

Novembre 2007

Se si passa del tempo a Washington, si sente tanto parlare delle divisioni presenti nel nostro paese, di un divario crescente di natura geografica e ideologica, razziale e religiosa, di ricchezza e opportunità. E ci sono molti politici che cercano di trarre vantaggio da tali divisioni, mettendo gli americani gli uni contro gli altri, o indirizzando messaggi diversi a interlocutori diversi. Ma avendo viaggiato in tutto il paese negli ultimi mesi, non sono rimasto colpito dalle differenze: piuttosto, mi hanno impressionato i valori e le speranze che condividiamo. Nelle grandi e nelle piccole città, uomini e donne, giovani e anziani, bianchi, neri e gialli, tutti gli americani condividono la medesima aspirazione verso sogni semplici: un lavoro con un salario che possa mantenere una famiglia, una sanità su cui contare e alla loro portata, una pensione dignitosa e garantita, un'istruzione e opportunità per i nostri ragazzi. Speranze comuni. Sogni americani.

Sono i sogni che hanno guidato i miei nonni. Dopo che mio nonno combatté nella seconda guerra mondiale, il GI Bill[1] gli offrì la possibilità di andare al college, e il governo

* Discorso tenuto a Bettendorf, Iowa, il 7 novembre 2007.

[1] Cfr. sopra, p. 126, nota 1.

quella di acquistare una casa insieme a mia nonna. Poi si trasferirono nell'Ovest, lavorarono sodo cambiando spesso lavoro, e riuscirono a garantire a mia madre un'istruzione adeguata, aiutandola ad allevare me e risparmiando il necessario per andare in pensione. E questi sono gli stessi sogni che hanno guidato mio suocero. Un operaio di Chicago a cui all'età di trent'anni diagnosticarono la sclerosi multipla. Ma lui ogni giorno andava a lavorare, anche se la mattina doveva uscire un'ora prima e appoggiarsi a un girello per arrivarci, mentre la moglie stava a casa con i bambini. Con quell'unico stipendio, riuscì a mantenere la famiglia e a mandare mia moglie Michelle e il fratello al college. Il suo sogno era di vedere i figli migliorare la loro condizione. E così fu. Sono gli stessi sogni che hanno guidato mia madre. Una madre sola che, anche se doveva contare sui buoni pasto dello Stato una volta finiti gli studi, ha seguito la propria vocazione ad aiutare gli altri e ha cresciuto me e mia sorella nella convinzione che in America non esistono barriere che impediscano il successo; non importa il colore della pelle, da dove vieni o quanti soldi hai in tasca.

Sono gli stessi sogni che mi hanno portato a Chicago oltre vent'anni fa, per fare l'organizzatore di una comunità di chiese. Lo stipendio – 12 000 dollari l'anno – non era quello che i miei amici avrebbero ottenuto in grandi aziende o in studi legali. Non conoscevo nessuno a Chicago, ma sapevo che c'erano persone che avevano bisogno di aiuto. L'acciaieria aveva chiuso e si erano persi molti posti di lavoro. In un angolo dimenticato dell'America il sogno americano stava svanendo. E io sapevo che per i sogni vale la pena di lottare.

La cosa speciale dell'America è che tutti vogliamo che questi sogni si avverino non soltanto per noi, ma anche per gli altri. Ecco perché lo chiamiamo il sogno americano. Lo vogliamo per il ragazzo che non va al college perché non può permetterselo; per l'operaio che si chiede se il prossimo inverno lo stipendio basterà a pagare la bolletta del riscaldamento; per i 47 milioni di americani che vivono senza copertura sanitaria; e per i milioni che si chiedono angosciati se la pensione basterà a garantire loro la dignità che meritano.

Quando il sogno americano viene negato ai nostri connazionali, ne va dei nostri stessi sogni. Oggi, il prezzo di quel sogno sta salendo come non mai. In questa economia globale, mentre alcuni si sono arricchiti oltre ogni immaginazione, gli americani del ceto medo – e quelli che si affannano per farne parte – vedono il sogno americano svanire sempre di più.

Lo sapete per esperienza personale: gli americani lavorano di più per avere di meno e pagano costi maggiori per sanità e istruzione. Per molti, un solo stipendio non basta per mantenere una famiglia e mandare i figli all'università. A volte, non ne bastano neppure due. È sempre più difficile risparmiare. È sempre più difficile andare in pensione. Si fa quel che si deve, ci si assume le proprie responsabilità, ma si ha sempre l'impressione di stare a galla a stento o di perdere terreno. E nel costatare tutto questo ogni giorno della mia campagna, rifletto su quanto sarebbe improbabile per la mia famiglia di allora realizzare i propri sogni oggi.

Io non accetto un futuro così. Dobbiamo riprenderci il sogno americano. E per farlo dobbiamo cominciare col riprenderci la Casa Bianca da George Bush e Dick Cheney. Siamo stanchi di tagli fiscali per i ricchi che trasferiscono il fardello sulle spalle di chi lavora. Siamo stanchi di aspettare dieci anni per un aumento del salario minimo, mentre i compensi per i manager salgono alle stelle. Siamo stanchi di vedere sempre più americani senza assistenza sanitaria, sempre più americani che diventano poveri, sempre più ragazzi americani con il cervello e le qualità per andare al college ma senza i soldi per farlo. Siamo pronti per vedere la fine dell'amministrazione Bush, perché siamo stufi e stanchi di essere stufi e stanchi.

Ma tutto ciò va al di là di George Bush: lui rappresenta soltanto l'inizio del cambiamento di cui abbiamo bisogno. I problemi non hanno avuto inizio nel momento in cui egli è entrato in carica e non scompariranno per il solo fatto che se ne andrà. Non riusciremo a riprenderci quel sogno se non poniamo fine alla politica di polarizzazione e di divisione che rallenta il paese, se non teniamo testa alle lobby che hanno ostacolato la via del progresso, se non costruiamo una leadership che non si limiti a dire alla gente ciò che la gente vuole sentirsi dire, ma che dica a ciascuno ciò che deve sapere. È questo il cambiamento di cui abbiamo bisogno.

Sono convinto che gli americani vogliano ritrovarsi di nuovo uniti attorno a un obiettivo comune. Gli americani vogliono riprendersi il sogno americano. Ecco perché mi sono candidato alla presidenza degli Stati Uniti. È lo stesso motivo per il quale feci fagotto e me ne andai a Chicago. Perché in questo paese, quel sogno merita il nostro impegno, non soltanto per noi stessi, ma per tutti gli altri. Ed ecco perché non dovreste accontentarvi di un presidente che sia lì per voi soltanto quando è facile, comodo o popolare. Penso che voi meritiate un presidente che si batta per i vostri sogni ogni ora e ogni giorno dei prossimi quattro anni. Questo è il cambiamento di cui abbiamo bisogno.

Questo processo comincia con un'economia che sia al servizio di chi lavora. Gli americani non si aspettano certo un governo che risolva ogni loro problema, ma sono stanchi di un governo al servizio di interessi di parte invece che di tutti. È giunto il momento di avere una leadership che si occupi più di Main Street che di Wall Street[2]. Ecco perché sto presentando un programma per il sogno americano, per dare una mano a chi lavora, per abbassare il costo della vita, per mantenere ed estendere le opportunità del ceto medo. Dobbiamo dare respiro alle famiglie che lavorano. Da 25 anni assistiamo alla crescita del divario fra ricchi e poveri, mentre il sistema fiscale favorisce le rendite finanziarie a scapito del lavoro. Per questo ho proposto un taglio fiscale sui salari che compensi le tasse sul lavoro che gli americani stanno già pagando: il che significherebbe 1000 dollari in più all'anno per ciascuna famiglia. Creerò anche un sistema pensionistico più sicuro per gli anziani eliminando le ritenute fiscali per tutte le pensioni inferiori ai 50 000 dollari l'anno. E non aspetterò dieci anni per aumentare il salario minimo: farò in modo che cresca ogni anno. È questo il cambiamento di cui hanno bisogno i lavoratori americani.

Siamo consapevoli che non è la famiglia a doversi fare carico del costo del sogno americano. Voi lavorate sempre più ore, sempre più famiglie hanno due genitori che lavorano, eppure è sempre più difficile trovare un aiuto, ed è sempre più difficile avere respiro. Ecco perché raddoppierò la spesa per i programmi extrascolastici qualificati, in modo da garantire che i vostri figli siano al sicuro. Ed ec-

[2] Espressione gergale: Main Street sta per «gente comune», Wall Street per «ricchi e potenti».

co perché estenderò il Family Medical Leave Act[3] includendo un numero maggiore di aziende e altri milioni di lavoratori, consentendo ai genitori di partecipare alle attività scolastiche dei figli e aggiungendo una copertura sanitaria per gli anziani. Offriremo inoltre un sostegno a livello federale che integri gli sforzi dei singoli Stati per garantire il pagamento delle giornate lavorative perse, coperte dal Medical Leave Act.

Dobbiamo anche intervenire su un sistema penalizzante per le donne: il 40% delle lavoratrici non ha diritto neppure a un giorno di malattia retribuito. A un numero sempre maggiore di donne viene negato il lavoro o la promozione perché hanno dei figli. Da figlio di una madre sola io dico che questa non è l'America in cui credo. Io sarò il presidente che sta dalla parte dei genitori che lavorano. Esigeremo che i datori di lavoro mettano a disposizione sette giorni all'anno di malattia. Faremo applicare le leggi che proibiscono la discriminazione. Favoriremo la flessibilità per creare, per padri e madri, un migliore equilibrio fra lavoro e cura dei figli. È questo il cambiamento di cui hanno bisogno le famiglie che lavorano.

Abbiamo anche bisogno di un mercato immobiliare che sia onesto, trasparente e affidabile. Ho già presentato in Senato una proposta di legge che costituisce un giro di vite contro i mutui fraudolenti. Da presidente, inasprirò le pene per i finanziatori che infrangono le regole. Per i proprietari di case che rischiano l'esproprio non per loro colpa, creeremo un fondo e riformeremo la legislazione fallimentare per aiutarli a non perdere la proprietà. Chiedere-

[3] Si tratta di un programma governativo che, tramite un accordo con le aziende, consente al lavoratore di essere giustificato quando sia assente dal lavoro per malattia: misura introdotta per la prima volta dal presidente Clinton.

mo che chi vuole comprare casa abbia accesso a informazioni dettagliate e complete riguardo alla scelta del mutuo. Daremo inoltre ulteriori agevolazioni ai proprietari dei ceti medi, concedendo un credito d'imposta che copra il 10% annuo degli interessi sul mutuo da pagare. È questo il cambiamento di cui hanno bisogno gli americani proprietari di casa.

Poiché molte persone che avevano mutui *subprime*[4] stanno trasferendo i loro debiti sulle carte di credito, dobbiamo esser certi che siano consapevoli degli impegni presi; in caso contrario, le carte di credito potrebbero essere il prossimo fronte della crisi dei *subprime*. Per esser certi che gli americani sappiano cosa firmano, istituirò un sistema di valutazione costituito da cinque livelli per informare i consumatori riguardo all'entità del rischio che ogni carta di credito comporta. Forniremo inoltre una Carta dei diritti per le carte di credito che vieterà modifiche unilaterali agli accordi presi, modifiche del tasso di interesse per il debito già contratto e interessi sui pagamenti in ritardo. Gli americani devono pagare il dovuto, ma il dovuto deve essere equo.

Dello stesso principio di equità ha bisogno la legislazione fallimentare. Per troppo tempo, gli stessi politici di Washington pronti a tagliare gli ammortizzatori sociali per i lavoratori hanno assicurato paracadute d'oro per le

[4] Mutui concessi a soggetti che non possono avere accesso a un tasso favorevole nel mercato creditizio, in quanto hanno già avuto problemi nella loro storia di debitori. Dal momento che il rischio di insolvenza a carico delle banche diventa più elevato, i mutui *subprime* presentano tassi di interesse molto più alti assieme a condizioni generali svantaggiose. A fine 2007 si è determinata una situazione ampia di insolvenza per questi debitori, che sta mettendo a rischio i capitali di alcune tra le banche e gli istituti di investimento più forti d'America.

classi abbienti: per cui i lavoratori perdono pensioni e copertura sanitaria, mentre i manager ricevono compensi per milioni di dollari. Mi sono battuto al Senato contro una proposta di legge sulla bancarotta che si preoccupava di salvaguardare le società che gestiscono le carte di credito e le banche piuttosto che aiutare la gente che lavora. Da presidente continuerò a battermi per una buona legislazione fallimentare. Basta con le gratifiche per i dirigenti mentre le pensioni svaniscono. Faremo pressione sulle aziende affinché aumentino i loro fondi pensionistici, esigendo da loro massima trasparenza sugli investimenti. Aumenteremo l'importo dei salari e dei benefit che i lavoratori possono richiedere nei giudizi fallimentari. È questo il cambiamento del quale abbiamo bisogno nella legislazione fallimentare. Inoltre, se si dimostrerà di essere andati incontro alla bancarotta per coprire le spese mediche, il procedimento giudiziario alleggerirà quel debito e consentirà di rimettersi in sesto. Non voglio un'America in cui chi si ammala si trovi sull'orlo del precipizio. Non è quel che siamo.

Ogni quattro anni i politici vengono da voi a parlarvi dell'assistenza sanitaria. Voi sentite sempre le stesse promesse e vedete sempre gli stessi esiti. È ora di porre fine allo scandalo dei 47 milioni di americani privi di assicurazione. È giunto il momento di fare finalmente qualcosa al riguardo. Io ho riformato la sanità in Illinois, e non l'ho fatto da solo, l'ho fatto mettendo insieme democratici e repubblicani. Abbiamo fatto una battaglia con le compagnie assicurative e abbiamo vinto. Allo stesso modo, farò approvare una legge nazionale sulla copertura sanitaria che tagli i costi assicurativi di una famiglia media fino a 2500 dollari. E credetemi, firmerò questa legge entro la fine del primo mandato da presidente. È questo il cambiamento che l'America sta aspettando.

La spesa sanitaria non è l'unica cui non riusciamo a far fronte. Gli americani che lavorano duramente per tutta la vita hanno diritto a una pensione sicura. In questo momento, però, ci sono 75 milioni di lavoratori nel paese che non dispongono di piani pensionistici aziendali e il risparmio individuale non ha mai toccato un punto più basso. Una parte del sogno americano è a rischio. È il motivo per cui adotterò una politica pensionistica aziendale di tipo automatico.

Ai datori di lavoro verrà richiesto di iscrivere direttamente i dipendenti a un deposito pensionistico alimentato da una piccola percentuale trattenuta dallo stipendio. Avrete la possibilità di rinunciare al conto oppure di integrarlo. Quando cambierete lavoro, i vostri contributi saranno girati sul deposito del nuovo datore di lavoro, o su un conto controllato direttamente da voi nel caso in cui vogliate lasciare il lavoro o diventare autonomi. Il governo federale, inoltre, attuerà una politica di detassazione sul risparmio per le famiglie che lavorano. Tutto ciò aumenterà in maniera esponenziale il numero di americani con una pensione e, più in generale, la capacità di risparmio del paese. È questo il cambiamento di cui abbiamo bisogno per aiutare gli americani a ottenere la pensione per la quale stanno lavorando.

Ma dobbiamo fare di più che garantire solide basi al sogno americano. Ogni americano ha il diritto di inseguire i propri sogni, ma abbiamo anche la responsabilità di far sì che i nostri figli possano andare più lontano e migliorare la loro condizione rispetto a noi. Quando sarò presidente, non farò approvare provvedimenti come il No Child Left

Behind[5] che restano senza dotazione, ma comincerò a investire sul serio nell'istruzione. Il che significa un'istruzione già nella prima infanzia. Significa reclutare un esercito di nuovi insegnanti, pagarli meglio, e fornir loro maggior sostegno affinché insegnino non solo per superare i test di verifica, ma per il gusto di insegnare.

Significa anche creare un'istruzione universitaria accessibile a ogni americano: è il miglior investimento che possiamo fare per il nostro futuro. Creerò un nuovo credito di imposta di 4000 dollari, interamente fruibile, pari a due terzi delle spese di iscrizione e di frequenza per i college e le università pubbliche. Semplificherò inoltre l'iter per la domanda di borse di studio in modo da non avere, come oggi, un milione di studenti che rinunziano a chiederle per le difficoltà burocratiche: comincerò eliminando il formulario in vigore e richiedendo solo, per via informatica, i dati fiscali.

Sfrutterò inoltre le straordinarie risorse dei college pubblici, che formano la metà degli studenti universitari del paese, istituendo per essi un nuovo programma di partnership tra comunità e college. Aiuteremo così le scuole a definire le competenze e la formazione tecnica necessarie per aiutare le industrie locali, creeremo nuovi corsi di studio per i settori emergenti, premieremo inoltre le università con un maggior numero di laureati. È questo il cambiamento di cui abbiamo bisogno perché i nostri giovani possano realizzare i loro sogni.

Questo è ciò che dobbiamo fare per riprenderci il sogno americano. Sappiamo che non sarà facile. Ce lo ricor-

[5] Nessun bambino lasciato indietro. Legge approvata dall'amministrazione Bush che si pone l'obiettivo di migliorare la qualità della scuola americana attraverso una serie di verifiche sui risultati di ogni istituto, ai quali viene legata la concessione o meno dei finanziamenti federali. In realtà, la legge non ha mai avuto i fondi necessari alla sua attuazione.

derà la compagnia dei «non si può», «non ci riesci», «non ci provare nemmeno», laggiù a Washington – quella degli interessi particolari e delle loro lobby, della mentalità che vuole questo paese troppo diviso per fare progressi.

Non mi sono candidato alla presidenza per adeguarmi a questa mentalità: l'ho fatto per sfidarla. La posta in gioco è troppo alta: le famiglie che non riescono a tirare avanti, il lavoratore anziano che pensa con terrore alla pensione, la ragazza che non crede che in America ci sia spazio per i suoi sogni. Per sostenere questi americani, non mi accontenterò di niente che non sia un cambiamento autentico, profondo – il cambiamento di cui abbiamo bisogno e in cui possiamo credere.

In questa campagna elettorale si parla molto di politica della speranza. Ma politica della speranza non significa sperare che le cose vadano meglio: è la politica di credere in cose che ancora non si vedono, in ciò che può essere questo paese; la politica di battersi e lottare per quel che si crede quando è difficile. L'America è la somma dei nostri sogni. Ciò che ci lega, ciò che ci rende un'unica famiglia, è il fatto che ci battiamo per i sogni di tutti, e che riaffermiamo una certezza fondamentale – io sono il difensore di mio fratello, sono il difensore di mia sorella – e lo facciamo attraverso la nostra politica, le nostre scelte e le nostre vite quotidiane. È giunto il momento di farlo di nuovo. È giunto il momento di riprenderci il sogno americano.

La speranza del cambiamento*

Dicembre 2007

Non mi sono candidato alla presidenza per soddisfare un'ambizione coltivata da tempo, o perché credevo che in qualche modo mi fosse dovuto. Ho deciso di candidarmi per quello che Martin Luther King definiva «la feroce urgenza dell'adesso». Perché siamo a un passaggio cruciale della nostra storia: il paese è in guerra, il pianeta è in pericolo, il nostro sistema sanitario non funziona, l'economia è sbilanciata, il sistema educativo lascia indietro troppi ragazzi e il nostro sistema pensionistico è allo sfascio. In questo momento cruciale, non possiamo attendere oltre per avere una copertura sanitaria totale. Non possiamo aspettare per mettere a posto le nostre scuole. Non possiamo aspettare per lavori migliori, salari adeguati e pensioni di cui abbiamo bisogno ora. Non possiamo aspettare per fermare il riscaldamento globale, e non possiamo aspettare per porre fine alla guerra in Iraq.

Ho deciso di candidarmi perché sono convinto che la dimensione di queste sfide ha superato la capacità della nostra politica divisa e inceppata di risolverle; perché sono convinto che gli americani di qualunque parte hanno voglia di una politica nuova, concentrata non sul «come», ma

* Discorso pronunciato a Des Moines, Iowa, il 27 dicembre 2007, prima del voto alle Primarie.

sul «perché» vincere, concentrata sui valori e gli ideali che abbiamo in comune in quanto americani; una politica che faccia prevalere il buonsenso sull'ideologia, il parlare chiaro sulla propaganda.

Più di tutto, credo al potere degli americani di essere reali agenti del cambiamento nel paese, perché non siamo così divisi come la politica ci vuol far credere; perché siamo persone oneste e generose che vogliono lavorare sodo e fare sacrifici per le generazioni future; e sono sicuro che se riuscissimo a mobilitare le nostre voci per sfidare gli interessi particolari che dominano Washington, e spronare noi stessi a ottenere qualcosa di meglio, non esisterebbero problemi che non potremmo risolvere, né destini che non potremmo decidere.

Ho parlato agli americani di ogni angolo del paese, uomini e donne che amano la patria e che si chiedono perché abbiamo permesso che la nostra immagine nel mondo si deteriorasse così tanto e in così poco tempo. Sanno che tutto ciò non ci ha resi più sicuri. Sanno che non dobbiamo mai negoziare per paura, ma non dobbiamo mai aver paura di negoziare con i nostri nemici e con i nostri alleati. Provano vergogna per Abu Ghraib e Guantanamo, per le intercettazioni telefoniche illegali e per l'atteggiamento ambiguo sulla tortura. Amano il loro paese e vogliono che i loro ideali e i loro valori più cari siano ristabiliti. Ed è proprio perché voi tutti state provando queste frustrazioni, e state costatando il peso dell'inazione sulle nostre vite, che non potete accontentarvi della stessa, vecchia politica.

Sapete che non possiamo permettere ancora una volta alle lobby assicurative di ostacolare la riforma del sistema sanitario, né alle lobby petrolifere di costringerci alla dipendenza dai combustibili fossili per il solo fatto che nessuno ha saputo tener loro testa e fiaccarne il potere quando ne ha avuto la possibilità. Sapete che non possiamo permetterci per altri quattro anni la stessa tensione e conflittualità fra i politici di Washington, interessati più a ottenere vittorie politiche che a risolvere i problemi, più a battere l'avversario di turno che a far rialzare la testa al paese.

Non possiamo permetterci la stessa politica della paura che cerca di convincere i democratici che l'unico modo per occuparsi della sicurezza nazionale è quello di parlare, agire e votare come i repubblicani di George Bush; quella politica che usa il ricordo dell'11 settembre per raccattare voti invece che per chiamare a raccolta tutti gli americani e sconfiggere i nostri veri nemici.

Non possiamo permetterci di essere così preoccupati di perdere le elezioni da perdere le battaglie che dobbiamo alle prossime generazioni. Il vero azzardo in queste elezioni sta nel partecipare al gioco di Washington con gli stessi giocatori e aspettarsi un risultato diverso. Ed è un rischio che non possiamo assumerci. Non quest'anno. Non quando la posta in gioco è così alta. In queste elezioni, è tempo di voltare pagina, è tempo di pretendere un cambiamento.

Questo è il nostro messaggio dall'inizio della campagna elettorale. È il nostro messaggio nei momenti positivi e in quelli negativi di questa campagna. E deve aver fatto presa, se nelle ultime settimane tutti parlano di cambiamento.

Ma non ci si può presentare un giorno nelle vesti di abili navigatori della politica fallimentare di Washington e il giorno appresso in quelle di paladini del cambiamento. Non ci si può allineare alle posizioni più convenzionali su questioni importanti come la guerra, e al tempo stesso presentarsi come il leader più giusto per tracciare una rotta nuova e migliore per l'America.

La verità è che si può avere il genere di esperienza giusta o quella sbagliata. La mia affonda le sue radici nelle vite reali delle persone reali e se avremo il coraggio di cambiare porterà a risultati reali. Credo fermamente in queste parole. Ma non sono mie. Appartengono a Bill Clinton, che le ha pronunciate nel 1992 quando nella cerchia di Washington ci si chiedeva se fosse pronto per governare.

La mia esperienza affonda le sue radici nelle vite degli uomini e delle donne dei quartieri a sud di Chicago, per i quali mi sono battuto quando chiuse l'acciaieria. Si è radicata nelle vite delle persone per cui mi sono battuto come difensore dei diritti civili, quando veniva loro negata l'opportunità di un lavoro o la giustizia nei seggi elettorali per via del loro aspetto o della loro provenienza. È radicata nella consapevolezza di come il mondo vede l'America, per aver vissuto, viaggiato e avuto una famiglia oltreoceano; una consapevolezza che mi ha portato a oppormi fin dall'inizio alla guerra in Iraq. È un'esperienza radicata nelle vite reali delle persone reali, e proprio di questo genere di esperienza Washington ha bisogno oggi.

C'è chi nella corsa alla presidenza sostiene che questo genere di cambiamento può andare, ma che io non sono abbastanza arrabbiato o aggressivo per realizzarlo. Non ho bisogno di lezioni su come attuare il cambiamento, perché non mi limito a parlarne in campagna elettorale. È una vita che mi batto per il cambiamento. Ho lasciato un lavoro a Wall Street per dedicarmi alla formazione di chi non aveva un lavoro e alle attività extrascolastiche per i ragazzi di strada di Chicago.

Ho rinunciato ai soldi dei grandi studi legali per ottenere giustizia in nome dei più deboli lavorando come difensore dei loro diritti civili. Ho sfidato le lobby dell'Illinois e ho convinto democratici e repubblicani a estendere la copertura sanitaria a 150 000 persone e ad approvare la più importante riforma del sistema di finanziamento ai partiti in venticinque anni; e lo stesso ho fatto a Washington quando abbiamo approvato la più incisiva riforma del sistema delle lobby, dai tempi del Watergate. Sono l'unico candidato in questa corsa alla presidenza che non si è limitato a proporre a parole un contenimento delle lobby, ma l'ho concretamente realizzato. Perciò, se volete sapere quali saranno le mie scelte da presidente, basta dare un'occhiata alle scelte che ho fatto quando ho avuto l'opportunità di introdurre cambiamenti né semplici né vantaggiosi.

È un cambiamento che non si limita alla retorica, un cambiamento nel quale potete credere. È un cambiamento che non viene solo da una maggiore aggressività a Washington o da una più forte pressione sui repubblicani. Laggiù non mancano certo l'aggressività, gli scontri e le fazioni. Non abbiamo bisogno di più pressione. Abbiamo bisogno di più chiarezza. Nella vita ho imparato che si può tenere fede ai propri principi anche quando si tenta un contatto con chi non sempre la pensa come noi. E anche se ai repubblicani di Washington può darsi che non importi ascoltare quel che abbiamo da dire, credo che importi agli elettori repubblicani e agli indipendenti lontani da Washington. In queste elezioni, abbiamo di fronte l'occasione che capita una volta in una generazione. Per la prima volta dopo tanto tempo, abbiamo la possibilità di creare una nuova maggioranza che non sia composta solo da democratici, ma anche da indipendenti e repubblicani che hanno perso fiducia nei loro leader di Washington e che tuttavia vogliono ancora credere in qualcosa, e cercano disperatamente qualcosa di nuovo.

Possiamo cambiare la matematica elettorale tutta basata sulle divisioni e fondarla sulle somme, costruendo una coalizione che operi per il cambiamento e il progresso e vada dagli Stati blu agli Stati rossi. È così che ho conquistato alcune fra le circoscrizioni più rosse e repubblicane dell'Illinois. È per questo che i sondaggi mi danno vincente sui candidati repubblicani alla presidenza – perché riesco ad attrarre voti tra gli indipendenti e i repubblicani più di ogni altro candidato. È così che vinceremo a novembre e che cambieremo il paese nei prossimi quattro anni.

In realtà, il dibattito in corso fra candidati non riguarda solo il significato del cambiamento. Riguarda il significato della speranza. Alcuni dei miei avversari, sembrano disprezzare questa parola; credono che denoti ingenuità, arrendevolezza, pie illusioni. Ma la speranza non è questo. La speranza non è cieco ottimismo, non significa ignorare l'enormità del compito che ci aspetta o degli ostacoli che troveremo sul nostro cammino. Certo, le lobby ci daranno battaglia. Certo, i mastini repubblicani ci daranno la caccia durante le presidenziali. E i problemi della povertà, del cambiamento climatico e della dispersione scolastica opporranno resistenza a ogni sbrigativa soluzione. Lo so, sono stato per le strade, sono stato nei tribunali. Ho visto la legge soccombere sotto la pressione dei potenti e per l'assenza di una volontà politica a sostegno delle buone intenzioni, e ho visto un paese trascinato in guerra perché nessuno ha avuto il buonsenso o il coraggio di fare domande scomode prima che inviassimo i nostri soldati a combattere.

Ma so anche questo: che la speranza è stata il motore dei cambiamenti più impensabili in questo paese. Di fronte alla tirannia, la speranza ha spinto un manipolo di coloni a ribellarsi a un impero. Di fronte alla schiavitù, ha sostenuto la resistenza degli schiavi e degli abolizionisti, e ha spinto un presidente a tracciare un percorso accidentato ma in grado di garantire che il paese non restasse per metà schiavo e per metà libero. Di fronte alla guerra e alla Grande Depressione, la speranza ha guidato la più grande delle generazioni a liberare un continente e a guarire una nazione. Di fronte all'oppressione, la speranza ha indotto giovani donne e uomini a sedersi al bancone di un locale, a sfidare gli idranti e a marciare nelle strade di Selma e Montgomery in nome della libertà. È questa la forza della speranza: immaginare e impegnarsi per ciò che prima sembrava impossibile.

È questo il cambiamento che cerchiamo. Abbiamo già superato avversità che i cinici consideravano insuperabili. Quando abbiamo cominciato dieci mesi fa, dicevano che non avremmo potuto condurre una campagna elettorale diversa. Dicevano che non potevamo competere senza prendere soldi dalle lobby di Washington. Ma voi avete dimostrato che si sbagliavano, quando abbiamo raccolto il maggior numero di piccole sottoscrizioni da parte del maggior numero di americani di qualunque altra campagna elettorale della storia. Dicevano che non ce l'avremmo fatta senza il pieno appoggio dell'establishment di Washington. Ma voi avete dimostrato che si sbagliavano, quando abbiamo messo in piedi un movimento di base che potrebbe cambiare per sempre la faccia della politica americana. Dicevano che non avremmo avuto alcuna possibilità in questa campagna a meno di ricorrere ai soliti attacchi personali. Ma abbiamo resistito, anche quando gli altri si sono scagliati contro di noi, e abbiamo condotto una campagna elettorale positiva che ha messo in luce le vere differenze e ha rifiutato la politica dello scontro e dell'insulto.

E adesso avete di nuovo la possibilità di dimostrare ai cinici che si sbagliavano; che ciò che sembrava impossibile può sconfiggere ciò che Washington considera inevitabile. Ed è il motivo per cui nelle ultime settimane Washington sta reagendo con ogni mezzo: con attacchi e insulti, con turbative e scorrettezze, con milioni di dollari da parte di gruppi esterni e di finanziatori occulti, per cercare di ostacolare il nostro cammino. È il copione che abbiamo già visto tante volte. Ma so che questa volta può essere diverso, perché so che quando il popolo americano crede in qualcosa, qualcosa accade.

Se ci credete, allora possiamo dire alle lobby di Washington che i giorni in cui erano loro a dettare l'agenda politica sono finiti. Se ci credete, possiamo smettere di far promesse ai lavoratori americani e cominciare a mantenere gli impegni: lavori ben pagati, copertura sanitaria accessibile a tutti, pensioni certe e riduzione delle tasse per chi lavora piuttosto che per le aziende che trasferiscono all'estero la loro produzione. Se ci credete, possiamo assicurare a tutti i bambini un'istruzione di livello internazionale, pagare meglio gli insegnanti e trasformare in realtà il sogno di studiare di ogni americano. Se ci credete, possiamo salvare il pianeta e porre fine alla nostra dipendenza dal petrolio estero.

Se ci credete, possiamo mettere la parola fine alla guerra, chiudere Guantanamo, recuperare la nostra credibilità, rinnovare la nostra diplomazia e tornare a rispettare la Costituzione degli Stati Uniti d'America.

È questo il futuro che abbiamo alla nostra portata. Ecco cos'è la speranza: quella cosa dentro di noi che ci spinge a credere, nonostante tutto, che qualcosa di meglio ci aspetta dietro l'angolo. Ma solo se siamo disposti a batterci e a impegnarci. A scrollarci di dosso paure, dubbi e cinismo. A essere fieri del compito che ci aspetta, di ricostruire questo paese, palmo a palmo, distretto dopo distretto, contea dopo contea, stato dopo stato.

Nella vita di ogni generazione c'è un momento in cui, se vogliamo lasciare il segno nella storia, questo spirito deve farsi largo: è questo il momento, è questo il nostro tempo. E se voi mi sosterrete, se sosterrete il cambiamento necessario affinché i nostri figli abbiano le stesse possibilità che altri hanno dato a noi; se vi batterete perché il sogno americano viva ancora per chi ha fame di opportunità e sete di giustizia; se siete pronti a dire basta a ciò che i cinici vi impongono e a prendervi finalmente ciò che voi sapete essere possibile, allora vinceremo, vinceremo queste elezioni, cambieremo il corso della storia, e il vero viaggio – per guarire una nazione e rimettere in sesto il mondo – sarà davvero cominciato.

Yes, we can*

Gennaio 2008

Voglio innanzitutto fare le mie congratulazioni alla senatrice Clinton per la sua vittoria qui nel New Hampshire, veramente combattuta. Facciamole un applauso.

Poche settimane fa nessuno avrebbe immaginato quanto siamo riusciti a fare nel New Hampshire. Abbiamo fatto sentire la nostra voce per il cambiamento.

Terrorismo e armi nucleari, cambiamento climatico e povertà, genocidio e malattie: tutti i candidati in questa competizione elettorale condividono questi temi. Tutti i candidati hanno buone idee, e tutti sono patrioti che servono degnamente il nostro paese.

Ma il motivo per cui la nostra campagna è sempre stata diversa, il motivo per cui, quasi un anno fa, abbiamo intrapreso questo viaggio incredibile, è che quel che conta non è solo quel che farò io da presidente, ma anche quel che voi, gente che ama questo paese, cittadini degli Stati Uniti, potete fare per cambiarlo. È qui il vero significato di queste elezioni.

Ecco perché questo risultato appartiene a voi. Generazioni di americani stanno rispondendo con una semplice

* Discorso pronunciato a Concord, New Hampshire, il 5 gennaio 2008, dopo la sconfitta alle primarie.

certezza, che esprime al meglio lo spirito della nostra gente: «Yes, we can».

È una certezza scritta nei documenti dei nostri padri fondatori, che sono alla base del destino della nostra nazione: «Yes, we can».

Se la ripetevano a bassa voce gli schiavi e gli abolizionisti: «Sì, si può avere giustizia e uguaglianza».

Sì, possiamo guadagnare opportunità e prosperità. Sì, possiamo curare le ferite di questa nazione. Sì, possiamo rimettere in sesto il mondo. «Yes, we can».

E allora da domani, quando ci sposteremo con la nostra campagna al Sud e all'Ovest, dimostriamo che non siamo divisi come la politica attuale potrebbe far credere, che siamo un solo popolo, che siamo una nazione unita.

E insieme cominceremo a scrivere il prossimo, grande capitolo della storia americana, con tre parole che risuoneranno da costa a costa, da mare a mare: «Yes, we can».

Finito di stampare il 23 gennaio 2008
per conto di Donzelli editore s.r.l.
presso la Società Tipografica Romana
Via Carpi, 19 - 00040 Pomezia (Roma)